彼岸有风情

一个大陆交换生在台湾的 153 天

长孙文正 著

九 州 出 版 社 | 全国百佳图书出版单位

图书在版编目（CIP）数据

彼岸有风情：一个大陆交换生在台湾的153天 / 长
孙文正著. -- 北京：九州出版社，2017.10
ISBN 978-7-5108-5941-0

Ⅰ．①彼… Ⅱ．①长… Ⅲ．①台湾－概况 Ⅳ．
①K925.8

中国版本图书馆CIP数据核字（2017）第243449号

彼岸有风情：一个大陆交换生在台湾的153天

作　　者	长孙文正　著
出版发行	九州出版社
地　　址	北京市西城区阜外大街甲 35 号（100037）
发行电话	(010)68992190/3/5/6
网　　址	www.jiuzhoupress.com
电子信箱	jiuzhou@jiuzhoupress.com
印　　刷	三河市九洲财鑫印刷有限公司
开　　本	720 毫米 ×1020 毫米　16 开
印　　张	17.5
字　　数	232 千字
版　　次	2018 年 1 月第 1 版
印　　次	2018 年 1 月第 1 次印刷
书　　号	ISBN 978-7-5108-5941-0
定　　价	48.00 元

自 序

台湾，一个多么熟悉的名字！宝岛、阿里山、日月潭、"亚洲四小龙"……年少时的它们就是我们对"台湾"的最初印象。

其实，后来才知道那时身边的很多东西都是"台湾制造"，最具代表性的就是流行歌曲、影视片和明星偶像了。小的时候，我们就唱过《爱拼才会赢》《鲁冰花》《追梦人》《新鸳鸯蝴蝶梦》《风中有朵雨做的云》……也看过《星星知我心》《海鸥飞处彩云飞》《梅花三弄》《包青天》《汪洋中的一条船》等台湾影视剧。因为这些催泪的亲情剧、琼瑶的爱情片、时尚的流行歌曲为许多人留下了难以忘却的八〇、九〇年代记忆。

或许是习惯了课本上的描述、电视里的画面，总希望有朝一日可以身临其境，一睹芳容。机会终于来了，2014 年 9 月 1 日我作为北京联合大学一名交换生有幸赴台湾交换学习，我去的学校是位于桃园县中坜市的中原大学，交换的时间截至到 2015 年 1 月 31 日，共 153 天。相对于在台大陆学位生的三年、四年，5 个月的时光是短暂的，但比起自由行或组团旅游，153 天算是比较长的了。期间，每年孔子诞辰的台北祭孔大典，一年一次的 101 跨年烟火晚会，四年一次的选举，我们恰好都碰上了。

地处热带、亚热带的台湾岛，"热"是对她最直接的感受，9 月的大陆北方已渐入秋凉，而台湾却犹如盛夏，当天刚走出机舱，热浪便滚滚袭来，好似蒸笼。其实，即使是 1 月份走在南部的街巷还是会偶遇上着长袖、下穿短裤、脚夹人字拖的民众。四季温热、气候湿润、山水环绕、植被葱绿的地理环境赐予了海岛秀丽清净的风景线，不管是都市周遭，还是稻乡山野，都可欣赏大自然的美。台湾，说大不大，说小很小，她的面积仅 3.6 万平方公里，先天的基因决定了台湾的景致不具有长江、长城、黄山、黄河的磅礴气势，她更像小家碧玉，却也独具一格。然而，最有意思的还是"人"，公园里的阿伯阿嬷可能是一种感觉，教室中的张老师、王同学或许又是他番情景，而电视上的名嘴仿佛又让人置身另外一个世界……

打开记忆的匣子——暖阳下徒步在曲转的仰德大道上，流连于充满智慧的台北故宫博物院，沉醉在弥漫着书香的诚品书店，或是细细地品味着街边的珍珠奶茶……现实的感觉就是不一样，但现实又催促原有的印象必须做出改变，"亚洲四小龙"已成过往，中华传统文化的"桂冠"岌岌可危……看海峡彼岸，那边"风情"依旧，令人赏心悦目，然于寂静之中，发人深省，唏嘘不已……

总的来看，不管是在课堂上还是旅途中，带给我的既有"同"又有"异"，怎么说呢？"同"的是走在路上，大家皮肤一样，说的话一样，写的字也一样。"不同"的是台湾的环保、公共秩序让一个外地人别开生面。当然，大家生活在两个不同环境下，分歧是无法避免的。争执的原因不一，既有历史的遗传、政治的摩擦，也有风俗习惯的差异，种种因素的汇聚叠加以致现在的两岸间仍然存在着隔阂、误解乃至对立。我想这也正是两岸及两岸高校之间开展交换交流的意义之所在，通过这种零距离的接触，大家真实地了解了彼此，原来对方是这样子的而不是那样子的，更重要的是无形间拉近了双方心灵的契合。

台湾是一个海岛，它的长度不长，宽度不宽，但也有些故事儿。为此，我决定将一个大陆交换生在台湾的经历和感悟写出来，一来，希望能呈现出一个真实的台湾；二来，我觉得这并不是我一个人在独自叙说，而是许许多多在台陆生和我们这个时代的映照，或许再过数年，今天我们在台湾所面对的情与景将是不留意间的更新和变迁。所以，我决定写文出书，我认为这是一个有价值的决定。

我们都知道1894年中日甲午战争中清王朝战败后，台湾于1895年被割让给了日本。1945年第二次世界大战结束，台湾重回祖国怀抱。而1949年国民党败逃台湾，国家又陷入了分裂状态，直到现在。掐指一算，甲午战争距今已有两甲子的岁月了，这中间两岸走过风声、闻过雨声、听过炮声，乃至是无声。如今，两岸人民能够开展各项往来，包括学界的双向流动，我们都是受益者，所以应该表达谢意。

首先，要感谢这个时代，感谢让我们生长在这样一个美丽的时代，如果光阴倒退20年、30年、40年、50年、60年，那么这一切都是虚幻的。正所谓，前人种树后人乘凉，我要感谢那些付出、贡献、开创两岸新局的前辈们，因为有他们才让不可能变为可能，让可能成为现实。其次，我要感谢北京联合大学和中原大学给了我交换生的身份，让我有机会可以游学台湾。再者，我要感谢海峡两岸我的老师们，感谢对文正的指导、鼓励、期许和帮助；感谢海峡两岸的同学、朋友们为本书付出的辛苦和提供的意见、建议，感谢他们分享自己的心语，感谢他们对文章一次又一次不烦其厌地修改。

最后，本书能够顺利出版，我要真挚地感谢九州出版社和编辑们的辛苦工作，于此深表敬意。

王半山有诗云：看似寻常最奇崛，成如容易却艰辛。我自知水平低劣，但这个过程却也辛苦异常，好在我为此乐之不疲。正因为如此，让我内心充满了不息的动力和深沉的期盼，我想本书能够与各位读者见面算是对众人包括我自己的最好回报吧。

因为我在台湾待的时间不长，加之个人知识储量匮乏，书中错误、不足之处在所难免，还望各位尊长、朋友多多包涵、批评、指正，不胜感激。

于北京联合大学图书馆

2015 年 9 月 17 日

目　录

第一章　悠游台岛

　　本章写的是台湾的旅游景点，列举几处我去过的有代表性的。观光虽多属于放松心情式的游玩，但景点因种类之不同而多种多样，不同的景点带给游客不同的视觉和享受，透过它们也有助于了解当地的风土人情、人文历史、社会经济，是一个很好的窗口和望远镜。

第一节　台北故宫博物院

　　"一宫国宝分飞两岸"，道出了台北故宫博物院的前世与今生。1949年前后国民党将北京故宫等地的精品文物分批运往台湾，并于1965年在

台北故宫博物院牌楼

台北市士林区外双溪建成新馆重新展出开放，为纪念孙中山的百年诞辰，又称中山博物院。台北故宫博物院是台湾规模最大的博物馆，目前文物总数已达69万件之多，其精品无数，铜器、瓷器、玉器、绘画、书法、档案、善本图书、档案文献等等，件件都是珍宝。

台北故宫博物院一直都是陆客游台的热门景点，2014年9月6日是我们抵达台湾后的首次外出旅游，目的地就是台北故宫博物院。我们先从桃园中坜搭火车到台北车站，转坐地铁至士林站，再搭乘开往台北故宫博物院的公交车。当天台北晴空万里，太阳火辣辣，俨然暑夏。首先置入眼前的是一座宏伟的六柱式牌坊，上书"天下为公"四个金黄色大字。透过牌楼中间望去即是故宫主殿，黄色正脊、绿色琉璃瓦式的中国传统式建筑颇有特色。台北故宫博物院坐落于阳明山脚，依山而建，山上森木浓密，山下绿柏开道，两棵高挺的椰子树站岗道路两侧，天人合一之感油然而生。

大楼下放立着一个四角青铜器，沿阶而上，是入馆口前的小广场，因为馆内禁止拍照，游人在此不停地摆弄着照相机和自拍神器。向上再

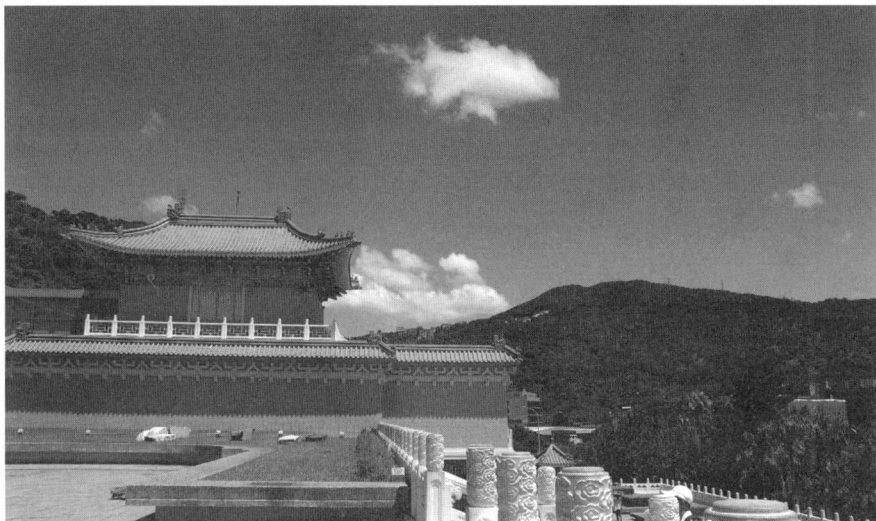
台北故宫博物院建筑一角

走一层，可以看到旗杆下蒋介石题写的"中山博物院"。站在围栏前，远望天际，天空就如刷过漆似的，一片湛蓝，零散的白云从绿山顶轻飘而来，丛林中的圆顶西洋楼若隐若现。

入馆前，观光客需将背包存放在外面的保管处。因为我们是中原大学的学生，使用学生证免费参观。大厅里有一座孙中山先生的坐像，上方书"博爱"二字。台北故宫博物院文物可以说是精华中的精华，个个都是人间绝品，价值无量。毛公鼎、散氏盘、婴儿枕、汝窑莲花式温碗、快雪时晴帖、寒食帖、四库全书……不知有多人千里迢迢，慕名而来。作为国际知名博物馆，这里每天都有来自世界各地的旅行团，从搭公交车到参观展览都有碰到。

博物院的"三大天王"毛公鼎、东坡肉形石和翠玉白菜是人气最高的，文物都是罩着通明玻璃，三个宝贝周围站满了好奇的游人。翠玉白菜，原为光绪皇帝瑾妃的嫁妆，长 18.7 厘米，宽 9.1 厘米，厚 5.07 厘米，白菜下面有个支座，呈微倾状。这件由翠玉雕琢而成的蔬菜珍品，形态逼真，最有看头的是菜叶上还有两只寓意多子多孙的小昆虫。令我最意外的是东坡肉形石，以前以为它比较"大"，现场一看，原来是个"小不点"。它只有5.73厘米高，6.6厘米宽，5.3厘米厚。东坡肉形石，因形似东坡肉，故称"东坡肉形石"，它是"中国四大奇石"之一。肉形石真像一块刚煮熟捞出锅的肉，不但肥瘦分明，而且肥肉皮不止颜色，连纹点都跟真的一模一样，好吃肉的人，估计都想咬一口。毛公鼎，乃西周晚期之器物，得名于铸鼎人毛公，鼎有耳朵两只，三蹄足，腹内刻有32行499字铭文，是迄今为止西周青铜器上最长的铭文。鼎高53.8厘米，腹深27.2厘米，口径47厘米，重34.7公斤，外观庄重浑厚。毛公鼎是一个出身高贵又"苦命"的宠儿，曾历经多次辗转和流离。1843年，毛公鼎在陕西岐山县出土，现在落脚台湾。观看毛公鼎时，我端详了片刻，默念了一句：老家人来看你了。

　　为了满足游客的眼福，台北故宫博物院会定期或不定期地举办各种特展，每三个月换展一次。我们正好赶上了明代"江南四大才子"之首的唐伯虎作品展，有山水画、仕女画、书法等等，唐寅的女性画展出有

台北故宫博物院唐伯虎"陶穀赠词图"明信片

台北故宫是两岸历史的见证者，也是中华文明的代表。

好几幅，凭此也可以猜测出一点点这位大才子的性情爱好。赏过唐伯虎的特展，又看了古书籍展。因为文物实在太多，当天故宫没参观完，但开了眼界。我们不得不惊叹大自然的神奇，能工巧匠的心思手法以及中华文化的悠久绚烂。

台北故宫博物院的商品区十分热闹，有各种各样以文物冠名的工艺品和明信片，台湾的景区一般都会提供纪念章，人气旺的景点还需要排队等候。在所有的商品中，有一种叫"朕知道了"的文创品，异常火热。

到了台北故宫博物院，最想见的还是元代大画家黄公望的传世之作《富春山居图》，由于种种原因《富春山居图》分成了两部分，一段《剩山图》现藏于浙江省博物馆，另一段《无用师卷》则藏于大海另一端的台北故宫。可惜，当天《无用师卷》不在展出之列。

相信走出台北故宫博物院的陆客，一定会拿台北故宫博物院跟北京故宫比较，其实两者各有千秋，北京故宫面积大，历史久，站在景山望去一派帝王气魄；台北故宫博物院空间小，但文物多精良。换句话说，北京故宫看在建筑，台北故宫博物院重在藏品，而两者皆是中华之瑰宝！

第二节　台北 101

　　坐落于台北市信义区的 101 大楼是台湾最知名的地标建筑，也是世界最高的摩天楼之一。其英文名称 Taipei 101，除代表台北，还含有"Technology、Art、Innovation、People、Environment、Identity（技术、艺术、创新、人民、环境、个性）"之意。大楼由建筑师李祖原先生设计，KTRT 团队建造，于 1999 年动工，2004 年 12 月 31 日完成启用。101 身高 509.2 米，地下 5 层，地上 101 层，是集购物、餐饮、观光、办公等多功能为一体的综合性大楼。它不但是每年台北跨年晚会的举办地，也是热门的旅游景点，每天都有众多来自世界各地的游客睹其尊荣，101 也因此名列台湾新八景之一。

魅影 101

　　台北市的建筑物不会太高，不管你身在市区何处，几乎都可以看到 101 的倩影。白天和夜晚的 101 会带给游人不一样的视觉感受，尤其白天选择不同地点和角度拍摄会呈现出万千景象，它可能是万花丛中的牡丹，可能是富绅与柴门的对比，也可能是历史与现代的交融，101 也就成了摄影家眼中的宠儿。

　　作为世界第一高楼的台北 101，2010 年被迪拜塔超越，但仍然保持着多项世界纪录。101 的 89 层是室内观景台，91 楼是户外观景台。从 5 楼的电梯入口处到 89 楼，需乘坐世界上最快的电梯，电梯上升的最高时速每分钟可达 1010 米，到达 89 楼只需短短的 37 秒。电梯里有专门引导的工作人员，人站在里面没有强烈的感觉，只看见楼层的数字在不停地刷新，走出电梯的那一刻耳朵会突然"嗡嗡"地作响。楼层各处摆设着大小不一的 101 模型，显然这里只属于"101"。夜晚的天空还挂着

白天的 101 大楼

从 101 楼顶俯瞰台北夜景

微笑也是一个招牌（101 鼎泰丰）

几朵淡淡的白云，从隔着玻璃的89楼俯瞰大地，灯火灿烂，几条宽阔的马路宛如金黄色的流河。到91楼顶要走楼梯而上，楼顶加固了高层防护栏，上面安置有高倍望远镜，不过是需要投币的，楼顶的风很大，但是有"会当凌绝顶，一览众山小"的感觉也不虚此行！

101是台北最著名的现代化建筑，也是台北的象征和最佳代言人，在这里形成了一个101圈。欣赏完了别具风情的台北夜景，喜欢购物和美食的人士自然不会放过大显身手的机会，因为101也是有名的消费区，各家品牌店和老板都在等待着上帝的光临。在此周围游客既可以品尝景泰丰的包子，也可以体验诚品书店的书香飘逸，如果赶上了每年一次的跨年烟火秀那算是幸运了。

跨年烟火秀

台北101的跨年晚会享誉内外，在大陆的时候都是通过网络观看，有幸到台湾交换，正好赶上了跨年的时间段。每年台北跨年活动除了有众多艺人的接力表演外，另一大看点就是101烟火秀，届时会有上百万人现场观赏。在跨年晚会的前几天，主办方就在网络、电视和报纸上公布了晚会的时间、地点、艺人名字、交通线路以及观看烟火效果不同的优越地点。2015年跨年晚会地点是在台北市府前的市民广场，时间是从12月31日的下午7点钟到次日的凌晨1点钟。

听说要近距离观看晚会艺人的表演，中午就得过去占位置了，这对我们来说是个挑战，最后决定不如晚上去看烟火。31日下午19点多，我们从中坜搭火车北上，火车上的乘客特别多，大家都站着。大约1个小时后抵达台北火车站，台北车站是集高铁、火车、地铁为一体的枢纽中心，平常客运量就很大。车站里面人爆满了，在2300万人的台湾岛很少看到人挤人的热闹景象。在涌动的人群中一抬头就看见了大厅悬挂着前往晚会现场的乘车标示，当天101周边实行交通管制，公交车不通行，只能搭乘地铁，地铁上也是人挨人。101本来是在市政府站下车，当天

人群拥挤的 101 烟火秀现场

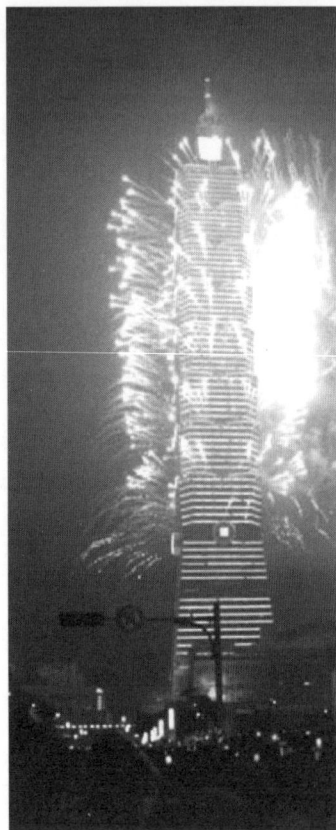

烟火下的 101 大楼

晚上列车没有在市府站停靠，我们坐到了下一站。出了地铁口，跨年晚会的指示牌就在眼前，顺着箭头方向走，宽阔的马路上已经没有了车子，全是人群的嬉笑声，路中央还有年轻人自发的娱乐表演。101周遭也是张灯结彩，楼房的高处安装着电视机现场直播跨年晚会，当时正好是 JJ 林俊杰。

越走人越多，晚会那边是挤不过去了，我们只好找到了一个可以看到 101 大楼全身的地方，准备观看烟火。那条路上人黑压压的一片，观众都在马路中间席地而坐，旁边有几个年轻人喝着啤酒，吃着零食，前方还有几个讲话听不懂的外国游人。

2015 年 101 烟火秀的主题是 "2015 iSee Taiwan 爱惜台湾"。在烟火未点燃前，"iSee、Taiwan、爱惜、台湾、iSee Taiwan、爱惜台湾"等字样不停地轮换投射在 101 大楼顶端，而大家都在着急地等待着烟花的到来。

当倒数的 "10" 出现在楼顶时，人群齐声高呼起来，10—9—8—7—6—5—4—3—2—1，"噢——"顿时五颜六色的烟火从大楼底层向上飞速地旋转攀升，绽放四射，原先黑灯的大楼，霎时灯光通亮。烟火不断地变换着颜色、图案和方向，时而由上到下，时而由下及上，一时螺旋而起，一会儿四面平射。阵阵的欢呼声让人情不自禁，黑暗的夜空下 101 显得格外绚丽多彩。218 秒，23000 发的烟火照亮了台北城。

烟火结束后，大楼上闪现出了 "2015、Happy、New year、新年、快乐" 的字幕，人群随即喊出了 "新年快乐"，"我爱你" 也夹杂其中。

"2015 iSee Taiwan 爱惜台湾" 这场烟火秀是由法国烟火团队 Groupe F 第三度与台北 101 合作设计，烟火背景音乐以意大利音乐家维瓦尔第的乐曲 "四季" 为串引，并首度结合台湾民谣歌曲《思想起》《草蜢弄鸡公》《采茶歌》《丢丢铜》等。以 "四季" 为概念的烟火秀，共有春季、夏季、秋季、冬季四幕，让大家回顾过去一年，展望新的未来。音乐的前后还加入了少数民族吟唱，作为导引和尾声，象征着迎接新一年的意涵，而 2015 年的烟火秀和晚会共吸引了 118 万人前来欣赏的最高纪录！

看完了烟火，直奔晚会的场地，虽说是尾声但现场的人还是很多，挤不到前面去，我们就站在后面，舞台上的歌手看不清楚，可以远望电视大屏幕。只见外披长大衣的 "雨神" 萧敬腾正在卖力地歌唱，台下不断地发出尖叫声，不过，这次老天爷不给 "雨神" 面子，滴雨未下。

由于还要回中坜，就准备离去了，临走时我们还和 101 大楼合影留念。在离场的人群中，不时走过身穿黄马甲、手拿旗子的志工在拾捡游人落下的垃圾。人群有序地走向地铁口、公交车站，这时交通也恢复了运行，交警和工作人员在疏解着排队等待回家的游客。这一天公交车、

晚会现场的"雨神"萧敬腾

地铁和火车都临时加班加车，将游客运回岛内各地，只是当晚火车比往日拥挤了许多，回到中坜吃了个夜宵已是凌晨两三点钟了。

第三节　九份

九份老街是台湾著名的老街之一，也是具有代表性的一个。九份有着清秀的自然风光、浓郁的艺术氛围以及黄金色的过往岁月。种种因缘际会的聚合，让小城九份格外的引人注目。传说当年仅有九户人家居住于此，在陆路未开通前，货物运输皆依靠海运，大家采购常以九份为计量，于是"九份"便诞生了。

1890年台湾首任巡抚刘铭传带领工人修建从基隆至台北的铁路时，在河床意外发现了金砂，九份就成了黄金的生产区。日据时期，这里的开采量一度跃居亚洲第一，随着产量的扩大，往来人员随之剧增，富裕的九份有了"小香港"之美称。

九份老街

10月19日，我们先搭乘火车到新北市的瑞芳火车站，再转乘公交抵达九份。当日下起了蒙蒙细雨，天色微微阴沉。小城九份依山而建，鳞次栉比的房子颇为壮观。顺着盘旋公路进发，往上看是竖直的房屋，往外眺望两山中间是大海。午饭时分，天空初晴，小城薄雾披纱，风轻云淡，乌云依稀所见，阳光照射下的大海一片海蓝蓝。山给了九份繁荣，也赐予了九份如诗如画般的美景，难怪电影《悲情城市》《恋恋风尘》《无言的山丘》会来此拍摄，就连日本动漫电影大师宫崎骏的《千与千寻》中也能看到九份的身影。

老街的路面是石砖铺造，很窄而且弯转曲折。街上的房屋多为木式建筑，普遍低矮，对门的两家店铺相隔不到三四米，屋顶相互接连。商

山城九份

家卖得都是当地的特产、工艺品和美食。小城有四条主要路道，横向三条由北而南分别为汽车路、轻便路和基山路，纵线路是竖崎路。四条线路形似一个"丰"字，"丰"字路将山城串联而起，它便是九份主要的旅游线路。竖崎路和轻便路交叉路口就很热闹了，因为房屋拥挤，路面窄立，所以游客距离比较近。眼前的竖崎路是陡立的石阶路，拾阶而上，可以看到一个红布条的招牌"阿妹茶楼"，阿妹茶楼是九份明信片上的标志性景点。虽然天气不

来九份一定要在此拍照留念

"悲情城市"是九份的名片

好，但是旅行团还是一拨接一拨，狭窄的石阶道不时要让出来给游客拍照，有空的话还可以到阿妹茶楼去坐坐。

20世纪六七十年代，九份正式结束黄金开采后，这里的繁荣景况便一落千丈。1989年侯孝贤导演在九份拍摄的电影《悲情城市》上映后，让一度沉寂的小城再次唤起了世人对于它的记忆，昔日的黄金城变成了旅游城。现在九份的招牌不再是黄金，而是"悲情城市"。在这里"悲情城市"的字牌无处不在，店家、商铺纷纷打出了"悲情城市"的宣传。

升平戏院

在竖崎路和轻便路的相接口有一家升平戏院，它是全台湾最早的一家戏院。平升戏院原名"升平座"，始建于1934年，建材是以空心砖砌墙，屋顶为上等木材架构、钉杉木板、铺油毛毡、刷柏油，占地200多坪，建筑风格属于日据时期最流行的仿巴洛克式。一楼座椅用的是学校课堂里的椅子，以六张一排排列而成，二楼看台做成"U"字形的木头

电影是九份的血液

座椅，二楼座位合计共有 600 多个座位。戏院曾在 1994 年遭受大风毁坏，近年重新修缮后再度开放。

早年文化条件落后，升平戏院便成了矿工们娱乐的寄托，演出之日必是座无虚席。戏院里面陈列着早期的放映设备和简介，最宝贵的还是那一张张的电影海报，有《悲情城市》《恋恋风尘》《无言的山丘》《多桑》等，一张张宣传品传递着升平戏院背后那浓厚的艺术积淀和过往的热闹景象。当天管理人员还给游客们播放了来九份寻找灵感，进行艺术创作的工艺家们的九份情缘。灯光关闭，四周暗黑，舞台前方的荧幕播放起了艺术家进行创作的影片，升平戏院仿佛又回到了那个歌舞升平的年代。

黄金博物园区

金瓜石与九份相隔不远，也曾是黄金矿区，一般合称"金九地区"。从九份绕基隆山走路约 30 分钟的时程就到了金瓜石，至从停止黄金的采挖后，这里也没有了往日忙碌的身影。伴随着九份的产业转型，金瓜石发展起了以"黄金"为主打的旅游业。虽然过去的"黄金年代"早已化

220 公斤的大金砖

为青烟，不过现在它又迎来了新的"黄金时代"，原先机器轰鸣的矿区被艺术家们打造成了观光的黄金博物园区。

园区还保留着当年的炼金楼、警察局、宿舍、日式建筑风格的太子宾馆、矿石的运输道等。游客只要付费就可以体验工人们挖矿的坑道以及淘金的作业流程，感受旷工们的艰辛和危险。园内有一座雕像，两个赤身的工人抬着一个赤身的工友，让人看了着实有点寒栗。

到了园区一定要去黄金博物馆，博物馆为 3 层玻璃外形的建筑，里面陈设有金瓜石地区黄金开采的历程、矿工用具、黄金制品等，这时昔日黄金生产的盛况和工人采掘矿石的情景浮跃眼前……在各种黄金制品中最吸引人眼球的是一块重 220 公斤的 999 纯金的大金砖，这个镇馆之宝曾在 2004 年获得过吉尼斯世界纪录，游客至馆内必会排队触摸大金砖并与之合影，期望摸金砖沾"金"气，财运滚滚来！

在博物园区有一座日本神社——金瓜石社，又称黄金神社。神社始建于日据时期，主祀大国主命、金山彦命和猿田彦命，为日本冶金、锻冶业的保护神，金瓜石社是台湾现存为数不多的日本神社。黄金神社位居山央，约莫15分钟左右即可到达。面积不大的神社，一面靠山，两面是陡坡。眼前的神社仅存少量的鸟居、石灯、石柱以及破败脱落的石阶和遍地的杂草，在石柱及石灯笼上面还能隐约看见"昭和拾二年七月"、"奉纳"等字样。站在山腰可以俯望矿区，远目大海。对面还有一座山，山上有一巨石，很像一只没有耳朵的茶壶，当地人唤作"无耳茶壶山"。

想必在金瓜石的辉煌年代，神社也曾热闹过。台湾光复后，黄金神社遭到废弃，今天的它已经失去了原有的作用与意义，所能代表的仅是一段滑过和残存的历史。

（注：本文原载《台湾周刊》2015年5月17日第19期总第1126期，原名《蒙蒙细雨下的"悲情城市"九份》，文章内容有改动。）

第四节　花莲

位于台岛东海岸线上的花莲县，没有北部与西部那样发达的工商业，却蕴藏着独一无二的自然风光，山高、天蓝、人稀少。这里有蓝衣白裤惠施天下的慈济，有险峻奇丽的太鲁阁，也有跳出海面笑迎游人的鲸豚，这里就是台湾的后花园——花莲！

在游完上述景点后，我们选择了位于花东纵谷的光复乡作为新的旅行起点，以单车代步。光复火车站是一个小站，紧靠南北公路台九线。位于火车站附近的花莲糖厂始建于日据时期，不过已经停产了，现在是观光景点。园内的花糖文物馆，展出有糖厂的发展介绍、所获荣誉及其他实物，算是过往情景的重现。购物区以地方民俗为主打，光复是少数民族阿美人的聚居地，琳琅满目的挂饰、手势、头饰等工艺品将少数民族的艺术天分表现得淋漓尽致，阿美麻糬则是赠送亲朋的上好礼品。糖

陡峭的太鲁阁

少数民族部落

山入白云天蓝蓝（大农大富平地森林园区）

厂的冰激凌远近闻名，虽未入口，却早已冰香扑鼻。

天飘散着小雨，一排排的日式平房，显得破旧、灰暗。漫步小道，雨滴嗒嗒，时光在此流过，宁静驻足此刻。

东部的天气就像个调皮的小公主，说雨即来，说晴就光照四射。蹬着单车，穿过公路，远山如侧，林木繁荫，一座座电线塔由山顶而下，连接乡里乡外。山脚渐次渐近，高高的槟榔树下隐约隐现独栋小洋楼。左转右拐，四周园林青草覆地，莲花映池，绿叶浮水，蛙声歌鸣，飞鸟翔空，香气沁脾，这里就是阿美人聚集的马太鞍部落。马太鞍部落住屋都是现代式的楼房，独院独居，没有整齐划一的横竖街而是错差相间在沼泽地之中。部落领袖拉篮的家建有民族文化展示屋，里面陈设着部落的猎具、生活用品、服饰等，现在这里集观光、民宿、文化展示为一体。身着民族服装的拉篮正向远来的大陆们游客介绍部落的生产、生活、习俗文化，并亲自演示族人捕鱼的技巧，好奇的访客们呆呆地望着。

单车环岛既是一种时尚又是一种享受，台九线上不时穿过装备专业的单车骑手们。路两边是一片片的农田，自行车不久驶入了大农大富平地森林园区，一条上下起伏的柏油路直通前方山脚，这里地势开阔，草场裹地，游人寥落。路旁竖有指示图，游客服务中心是一排简约的平房。小坐休憩，远处高山耸入，白云腾空，蓝天盖顶，近看草坪小小风车数十，一名戴草帽骑单车的玩具少年正拧头注视。不远处茅草凉亭，微风拂来，风车转动，不知何时音乐响起，浑然忘我，似醒如梦，久久不忍离去。

继续前行，见一水池，水色清清，光鳞闪闪，岸边小树、红花朵朵。穿梭在树荫下的自行车专道，来到瑞穗乡富兴村。富兴是农业村庄，种植菠萝（台湾称凤梨），村口竖着一个大菠萝造型。富兴村也是《爸爸去哪儿》的拍摄地，在老村长的引领下有幸参观了明星们的住屋，屋内屋外都留有他们的签名，现在只要付钱就可以享受一下大腕儿们住过的房子。有点饿了，在村民的指说下，来到一家据说有 60 年历史的老店饱餐一顿，然后骑车顺着台九公路再行返回。

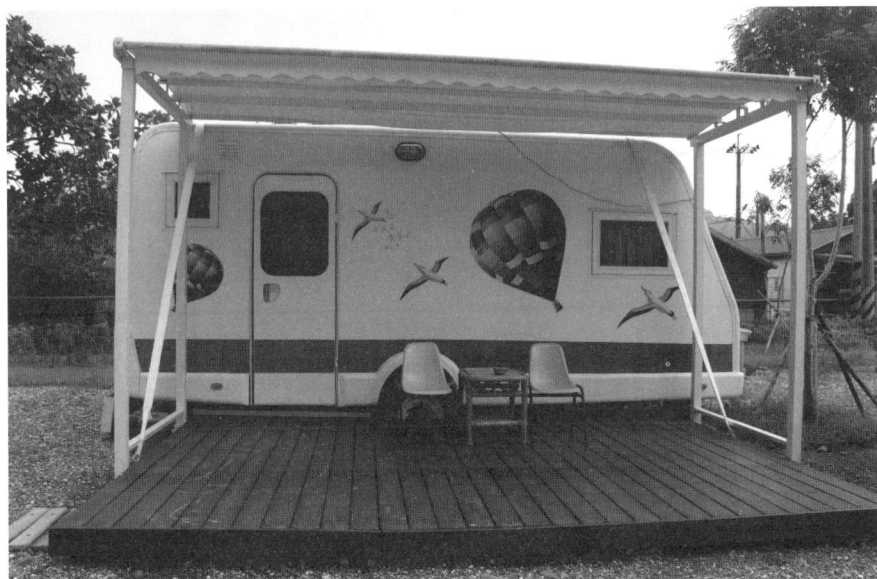

富兴村的明星住屋，上面还有明星的签名

光复——瑞穗之旅，是一次田园之行，生态之旅。在这里不仅可以享受大自然的舒畅，又可以领略民族文化的独特，难得都市扩张下还有一片桃花源。逃脱城市的喧嚣，潜入乡林的淳净，花莲以其神赋般的天然之美招人心迷，一路单车享尽花东风情！

第五节 澎湖湾

一首《外婆的澎湖湾》唱红了大江南北，也让澎湖从大海的深处走向了世界的舞台。带着对"阳光、沙滩、海浪、仙人掌"的憧憬，我们来到了"外婆的澎湖湾"。

澎湖列岛地处台湾岛与大陆板块之间，历史上的澎湖是大陆居民进入台湾的中转站，所以澎湖的历史甚至久于台湾，元朝的澎湖巡检司就设在这里。澎湖古称"西瀛"，主要由马公、白沙、渔翁三个岛组成，马公市是澎湖县的社会经济中心。澎湖没有台北的拥挤，犹如走进乡下一般，岛民的悠闲，车子的平速，"慢"是小岛的符号。

远眺澎湖湾

潘安邦故居的雕像

潘安邦，永远的澎湖湾（图拍摄于潘安邦故居）

澎湖是个小地方，却出了许多大明星，潘安邦和张雨生无人不知，无人不晓。两人都是在澎湖出生、成长的，外省小孩的他们住在海边的眷村。现在眷村已是人去房空，屋舍破落。两位乐坛巨星都已相继离世，现在潘安邦和张雨生的故居被开辟成了纪念馆，是到澎湖旅游的必去之地。

　　潘安邦故居只剩一座完好的房子，另一座大平房没有了屋顶，院中有一棵大树，树下放着一张桌椅。一走进屋子，就听到了潘安邦的音乐，里面贴满了潘安邦生前的照片和专辑图片。屋内有一张潘安邦放大的照片，旁边印有文字一段，最后一句是：如果安邦让澎湖有了永恒的旋律，那就让澎湖以不变的思念继续传唱吧……

　　张雨生与潘安邦两家是邻居，相隔几步。这边的眷村都是砖块、石头式的平房，现在张雨生家的房子墙面还刷了白。张雨生纪念馆陈列着雨生不同时期的故事、照片、歌曲以及在大学期间的演唱奖杯和毕业证书。张雨生就读的是台湾政治大学，那是台湾的一流学校，看来雨生不仅歌儿唱得好，而且书也念得好。猜一猜，张雨生大学读什么专业，音乐系？表演系？都不是了。如果不是看到他的毕业证书，还真有点不敢相信，张雨生居然是法学院外交学系毕业的。张雨

歌手张雨生是外交学系毕业的（图拍摄于张雨生故居）

生这张大学毕业证，很有历史意义，他那个年代的外省人籍贯写的还是大陆老家，张雨生是浙江嘉兴人。

　　雨生的每张照片都带着他那招牌式的微笑，有一张他穿短裤配长袖的照片，旁边的文字透漏了一个让雨生脸红的小秘密：雨生从小爱吃奶

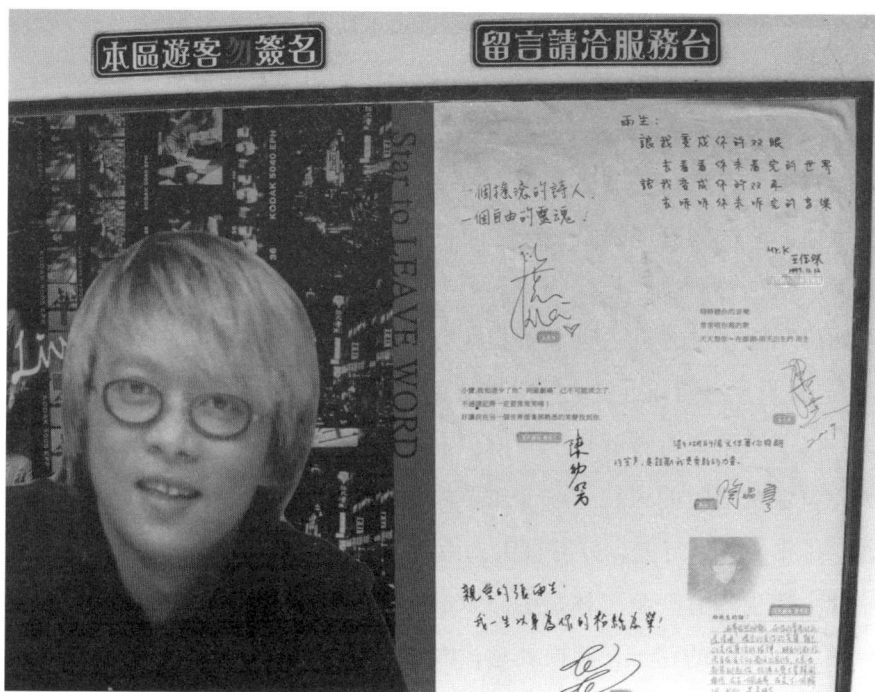

留言雨生（图拍摄于张雨生故居）

嘴，到了五岁还断不了，睡觉前一定要吸吸奶嘴才心甘情愿去睡觉。看了这个秘密，照片上面张雨生脸上泛起了两个大红圈圈。馆内还有一张留言板，上面都是明星们的留言：

陶晶莹：澎湖的阳光伴着你爽朗的笑声，是鼓励我更勇敢的力量。
张惠妹：一个摇滚的诗人，一个自由的灵魂！
范玮琪：亲爱的雨生，我一生以身为你的粉丝为荣！
……

澎湖常年多风少雨，而张雨生出生的时候澎湖却连下好几天大雨，张雨生的名字即由此而来。张家还是全眷村第一户买彩色电视剧的，年幼的张雨生总喜欢饭后跟着爸爸去看电影，长大后，唱出了《大海》《我的未来不是梦》等许多经典歌曲的他也走上了艺术的人生巅峰。

澎湖有座妈祖庙，是全台湾最早的一座妈祖庙，妈祖宫又名天后宫，里面供奉的妈祖是海运人的保护神，台湾人多信仰宗教，外加又是海岛，所以妈祖在台湾香火鼎盛，备受尊崇。天后宫的构造是中国传统式的建筑风格，门框刻有多幅暗含深意的对联，宫内挂着不同时期的匾额，目前天后宫已被列为"国定古迹"。妈祖庙曾出土"沈有容谕退红毛番韦麻郎等"碑（1602 年，明朝都司沈有容带兵到澎湖斥退荷兰侵略者韦麻郎），碑刻是澎湖和近代中国历史的见证。

出了妈祖宫右转就是中央街，中央街是澎湖最古老的商业聚落。老街建筑保留明时的风貌，房子几乎都是红色砖块，木制门窗，房檐下挂着一排排的大红灯笼，好有喜庆。街巷中的中央旅社是澎湖早期的旅社，旅社大楼顶端有一个"林"字，显示房屋最初应为林氏人所有。街上有一条名字怪怪的巷子，叫摸乳巷，因巷子即窄又拐，相向而来的行人会触碰到对方的身体，故名"摸乳巷"，当然这有点夸张。走过摸乳巷，仰

名字怪怪的摸乳巷

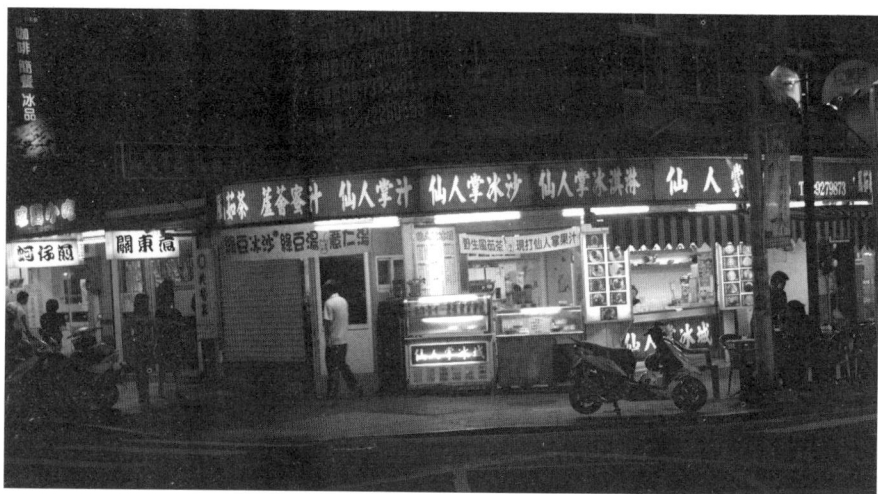

仙人掌原来也可以吃的

头望天，"摸乳茶"晃荡眼前。

中正街在老街的隔壁，属于澎湖的繁华地段，虽说繁华，却只有一条主街，但也为这个平静的小海岛增添了几分热闹。在台湾无处不在的便利店 7—ELEVEN、全家点缀其中，阿瘦皮鞋、屈臣氏还有那个大大的"M"标志（麦当劳）散落在这条不是长的街上。游人可以进工艺店欣赏一下大海的艺术之作；可以为家人好友购买一份源利轩黑糖糕；也可以品食一下仙人掌冰淇淋、仙人掌冰沙、仙人掌果汁，想不到满身是刺的仙人掌原来也可以吃的。

游到这里很多朋友都会着急，怎么还不见阳光、沙滩呢。其实现实中并没有那么一个确切的地点，"外婆的澎湖湾"是整个澎湖美景的浓缩。因为到澎湖的游客都在找都在问，后来当地政府就在海边的观音亭亲水游憩区内立了一块"外婆的澎湖湾"的石碑，供游人留念。石碑的后面是一个钢铁半圆，圆顶嵌着"澎湖湾 PengHu Bay"的字样，半圆上还有鱼儿的造型。半圆角落放置着大石头，仙人掌长在石间。仙人掌的前面有一副雕像，一个挂着拐杖的老奶奶，旁边是一个在海边玩耍的小孩子，放眼澎湖湾，蓝天、碧水、椰子树、虹桥、沙滩、游人、海风、远帆……多美的一幅画啊，此时此景，已经有人唱了起来……

> 晚风轻拂澎湖湾，
> 白浪逐沙滩，
> 没有椰林缀斜阳，
> 只是一片海蓝蓝。
> 坐在门前的矮墙上，
> 一遍遍怀想，
> 也是黄昏的沙滩上，
> 有着脚印两对半。
>
> 那是外婆拄着杖，
> 将我手轻轻挽，
> 踏着薄暮走向余晖，
> 暖暖的澎湖湾。

外婆的澎湖湾

骑自行车的爱因斯坦

大风车加水站

> 一个脚印是笑语一串，
> 消磨许多时光，
> 直到夜色吞没我俩，
> 在回家的路上。
>
> 澎湖湾，澎湖湾，
> 外婆的澎湖湾。
> 有我许多的童年幻想，
> 阳光、沙滩、海浪、仙人掌，
> 还有一位老船长。

10月末的澎湖，游客稀疏，显得更加清冷和孤寂。但这并不改变她浓郁的艺术的氛围，岛上随处可见寓意各异的雕塑，不同的建筑都看似艺术作品。不管是"相对公园"里骑自行车的大科学家爱因斯坦，还是远看像风车，近观似木屋的加水站，都处处引人驻足。澎湖，像是洒向大海的一串珍珠，她的恬静、她的漫悠、她的想象和那沙滩的白浪是她浅浅的笑窝，是她迷人的眼影，也是她闪闪的星光。

第二章　生活一隅

　　本章有三篇文章，一是台湾的环保；二是交通；三是我自己旅途中的两个小故事，三者皆是我在台湾的经历和体会。台湾政治的吵吵闹闹和电信诈骗案的层出不穷备受诟病，但台湾社会也有正能量的地方，像其环保理念及对垃圾的处理，实有可鉴之处。

第一节　垃圾不落地

　　如果台湾有什么经验值得学习，我会推荐"垃圾不落地"（在台湾，"垃圾"不读：lā jī，而读：lè sè）。记得 9 月 1 日我们抵达台湾后，因在街上找不到垃圾桶而抱怨基础设施建设如此之落后。各地的

漂亮干净的街景（新北新月桥）

垃圾桶确实很少，不光是街道，学校也是，除非在一些公共场合，台北市会相对多一点。台湾的环保水平虽然与邻近的日韩有一定的差距，但相对来说还是取得了不错的成绩。即使不多见忙碌的环卫工人，但城市卫生基本上都能保持洁净，没有垃圾桶不是代表落伍反而算是一种进步。

街道不装置垃圾桶，那怎么解决脏兮兮的垃圾呢？如果是出行，民众一般都会把吃完食物的袋子和饮料瓶随手放进自己的背包里而不会扔到路边。有些垃圾物确实不宜放在包里，有的人也不一定带包，那该怎么办呢？台湾的便利店星罗棋布，遍及街头巷尾，像7-ELEVEN、全家、ok，而且几乎是24小时营业的，店内都有专门的垃圾桶，行人可以随时把垃圾扔进去。走在街上，也会经常看到专门给狗狗们放置的处理排泄物的袋子，这样主人们就会很方便地把小狗的粪便带走，不致被行人误踩。随手带走垃圾，垃圾不落地，在台湾已经形成了一种习惯，如果乱扔垃圾有时会被路人批评，某些情况下甚至需要自掏腰包交罚款了。当然，不按规定来的人和现象还是存在的。

为狗狗设置的清洁袋

实际上，台湾对垃圾的处理也经历了一个不断变化的过程，即由以前的脏乱差逐步进化到今日之状态。刚开始民众把垃圾集中放在固定的地点，再由清洁队员运走，长此以往可能会形成一个垃圾场，这样就变成只有固定时间段才允许扔垃圾，后来发现有人会提早把垃圾带到那个地方，于是慢慢地转变到了现在的"垃圾不落地"。所谓"垃圾不落地"，就是居民将产生的垃圾先进行分类，装入不同的袋子，然后再投到专门的运输车里。家庭垃圾分为"一般垃圾""资源回收"和"厨余"，还有别的分类。民众将分好的垃圾装好袋子，等垃圾车来时再分类投入车内。运输车是两辆，一辆是垃圾车，一辆是回收车。工作人员有权检查民众投入的垃圾，如果垃圾没有按规定分类，是可以罚款的。

　　垃圾车装运的时间基本上是固定的（我们住的中坜市是18点钟左右），但不是所有地方每天都会来。运输车边走会边播放音乐《少女的祈祷》，当听到熟悉的音乐时，民众就知道垃圾车要来了，这时住户和店家已经拎着大包小包的垃圾袋站在路边，等待车子。等车倒垃圾成了人们

傍晚时分，正在回收垃圾的运输车

日常生活不可割舍的步骤，久而久之，倒垃圾也成了街坊邻居联络感情的一种特殊方式，大家在等垃圾车的时候，很自然地嘘寒问暖，谈家常话里短，无形中形成了一种特殊的社群网络，为此有人会提前出来等垃圾车。

市区街道上的垃圾桶分"一般垃圾"和"资源回收"

一个分类的垃圾桶

两个桶，学校的垃圾筐也是如此，有的地方会分的更细。便当店（台湾称盒饭为便当）都会备有厨余桶、筷子桶（木筷子）和餐具桶。其实，"垃圾不落地"折射出的是资源节约的理念和习惯。平常和台湾同学一起去吃饭，尽管他们吃饭的速度很慢，但发现会将饭碗里的米粒吃的干干净净，有的老板也不喜欢学生剩饭。吃完后，大家都会自觉地将饭渣和碗筷放入不同的桶内，既养成了文明的行为又减轻了店家工作的负担。有时参加研讨会或者开会，主办方往往也是给领导、老师和同学们发盒饭。

1997年台北市率先实行"垃圾不落地"，也是目前做得最彻底、最有成效的县市，虽然"垃圾不落地"已经推广到了全台湾，但是各县市的实际情况还是有差别。"垃圾不落地"的差异最明显的在于各地方是否使用专门的垃圾袋，台湾现在只有台北市和新北市在推行专用垃圾袋。台北市垃圾费征收有以下几种方式：一种是按用水量征收；一种是随专用垃圾袋征收；还有一种是按户定额计算征收。民众可以在便利店、超市等地方购买政府指定的垃圾袋，实行专用垃圾袋的地方不能使用普通的袋子。指定垃圾袋按容积大小，价格从3公升每包售价24元新台币（1元人民币约等于5元新台币，以下单位皆同）到120公升的240元不一。因为垃圾袋需要购买，所以民众为了省这个钱就会尽量回收和减少垃圾排放量。同时，政府规定应使用专用袋而未使用的会被罚款，对使用伪造、变造垃圾袋的同样也要处罚。另外，政府还鼓励民众举报违规者，并设检举奖金。

台湾以前对垃圾处理的方式是喜欢掩埋，现在主要是回收，也有少量的焚化和掩埋。自从实行"垃圾不落地"政策以来，台湾垃圾回收率从约20%上升到了50%左右，每人每日垃圾清运量下降了50%以上，从1公斤多点降至目前的0.4公斤以下，中间的部分被回收掉了。

影响垃圾回收有两个重要的因素。一个是成本。如果废弃物回收来被加工制造成产品，不符合成本就没人愿意来做，而四合一资源回收制度的诞生和运行有效地解决了这个问题，它将社区、回收商、管理部门和回收基金四方结合一体组成循环回收链。基金会会拿出一部分钱来补助学校、社区、回收商等，符合成本就有人来做。像以前铝罐的回收就做得不错，有些回收并不理想，像废纸，最主要的原因就是成本。另一个是技术。比如"零废弃"政策，所谓"零废弃"就是希望没有任何垃圾运到垃圾场去，但这是不可能的，不是所有的垃圾都可以回收，所以技术就成为关键。比如塑料回收，分成不同情况，同一类塑料回收可以把它制作成原料，不同类塑料的回收就要制作成产品而不是原料，这是技术的问题。

"垃圾不落地"能够成功实施离不开民间组织和广大群众的力量，还有一个重要原因就是教育，从小学开始，老师就要教导小学生培养垃圾分类和资源节约的意识，同时家庭教育和社会团体功能的发挥也扮演了补充性的关键角色。不管怎么样，最终的目的还是希望人人养成环保的理念和习惯，特别是在孩童阶段。

目前，台湾各地"垃圾不落地"实施的水准高低有差，但相对来讲整体上达到了较高的层次。由于环保政策和环保理念得到贯彻，台湾的街道比较干净，外加地处南方，空气湿润，草木常绿，污尘较少，舒适的环境不但改善了民众的生活氛围，也为台湾赢得了不少的声誉。

（注：本文原载《两岸关系》2015 年第 12 期总 222 期，原名《台湾垃圾车演奏"少女的祈祷"》，文章内容有改动。）

第二节 交通车博爱座

在繁忙、快速的现代社会，人们会根据自己的需要选择不同的出行交通工具，日久天长便会形成一种地域性的交通景象，那么台湾的交通是什么样子呢？

很多人会以为"亚洲四小龙"的台湾一定是遍地小汽车，其实不然，台湾满街跑得是机车（台湾对摩托车的称呼）。有报道说台湾人的机车拥有率是全世界最高的，这个一点也不假。都市街上的机车像流水线一样东奔西跑，特别是上下班之际的十字路口，那蓄势待发、蜂窝似的机车

红灯下的机车

绝对称的上一道独特的风景线。在台湾骑机车必须考驾照，而且上街必须戴安全帽，不管是骑车的，还是坐车的都必须戴，小朋友也要戴，所以卖安全帽的店家很多，因为需求大。

台湾学生基本上都会骑机车，而且技术相当不错，住校外的同学几乎每天都是骑机车上学。骑机车的人多，速度也快，红灯停绿灯走，还算比较守交通规则。在台湾电动摩托和电动自行车很少见，基本上都是烧油的机车。现在大陆许多城市都已经禁止烧油的摩托车了，不过要在台湾禁摩估计比登天还难。现在台湾一群关注机车骑手的人士还成立了"政党"——机车党，以台湾拥有机车的人数和比例来看，机车党可开发的"党员"数量惊人。

爬阿里山、游日月潭和环岛是万千青年人的心愿，环岛最理想的交通工具是选择摩托车和自行车，摩托车兼备跑得快，看得细，又省力的优点。自行车环岛则是最时尚、最有品位、最能磨炼意志的方式，所以经常会看到头戴安全帽，身穿紧身裤，脚踩单车环岛的骑士们。一次，在东部骑单车旅行时，对面而来的"骑友"向我们招手、点头，刚开始我们觉得很诧异，结果过来一个是这样，再下一个还是这样。原来这是

自行车环岛很时尚

"骑友"们的一种礼貌方式，等再有人过来，我们也就主动招手示意了。

　　台湾除了骑自行车旅行外，一般上街骑自行车的人不多。我经常用自行车载我大陆的室友，而台湾同学却不肯坐。自行车是我在中坜活动的主要工具，平常若是外出搭火车，从学校到中坜火车站，步行需要30分钟，我会选择骑自行车过去，然后锁在火车站边，如果遇上下雨天就放在附近的便利店门口。放自行车的地方没有专人看管，我要是外出旅行个三五天的，有时也会把自行车锁在老地方，等回来再骑走。

　　一个城市之中最普遍的交通工具就是公车（台湾对公交车的称呼）了，台湾的公车不是香港那样的二层巴士，也没有把司机座位安装在右边，跟大陆的公交车造型一样。台湾前后公车的时间间隔相对较长，全台湾除了台北市，其他地方都有这种情况，这可能跟台湾机车多以及人口少有关系。有一次，我们晚上从台东新火车站坐公车到台东市区，去的时候是三个人，回来的时候还是三个人，而且还是同一辆车，三名乘客包括我和我一个朋友。因为人少，机车又多，所以坐公车一般不会太拥挤。公车都是无人售票，但刷卡有点啰唆，有时是上车刷卡，有时是下车刷卡，有时是上下都刷，而且有的公车站牌起终点不是一目了然，往往让人摸不清方向。台湾公车的座位套后面少见医疗推销广告，多数是台岛旅游景点图，倒是新鲜。

　　台湾是福利社会，搭车也一样，像我住的桃园县中坜市，政府有专门开设的免费公车，台中市的公车也有8公里的免费服务，在台北有的公车上还放置着供乘客阅览的杂志。公车的座位旁都装置有停车按钮，只要一按按钮，司机就知道有乘客要下车了，不需要喊："停车、停车……"下车的时候乘客一般都会向司机师傅说一声"谢谢"，而司机师傅也会在乘客离开这辆车子的时候，向每一位乘客道一声"谢谢"！

　　我们去台北都是搭乘火车，所以对台铁算是熟悉了。台铁的座位安置不像大陆那样的整齐，有横着的，有竖排的，有固定型的，也有可调到躺椅式的。台铁甚至还有彩色的。台湾的火车是没有卧铺的，因为环

彩色火车倒是不多见

已定为古迹的新竹市火车站

岛一圈也用不了多长时间，所以时间过得很快。

因为台北房价很高，众多年轻上班族都是住周边的新北、桃园、新竹，所以中坜到台北一线火车算是蛮拥挤的，但是车次频度也挺大，约二三十分钟一趟。去台北就不一定有座位了，常常需要站立，或者坐到两节车厢的过道上，但是旅客不会蹲在座位之间的通道上。在大陆的火车上旅客流行吃泡面，喝方便面汤，在台湾乘客喜欢吃便当，台铁便当价格不贵，而且挺好吃的。如果有幸路过台东的池上乡，一定要在火车停靠时下车买一份池上便当。

在大陆火车上有过漫漫长夜经历的朋友，一定见过有人脱了鞋，光着脚睡在座位上，打着呼噜；也肯定见过大家围在一起嗑瓜子、打牌、聊天，大谈国家大事……这些画面一般很少在台铁上看到（这可能跟台湾人少路途短，而大陆乘客多，旅途遥远有关，算是两种不同的景象吧）。另外，不管是在火车、高铁、捷运（台湾对地铁的称呼）还是公车上，乘客一般不会大声讲话，如果有人大声说话，周围人会投去惊讶的目光，大声说话的人会被视为"异类"。

台铁有一项福利，就是允许自行车上火车，不过这个有车次、时间、车站的限制，要是骑车外出或环岛旅行，可以搭乘一段。有次，我从中坜骑自行车到台北，晚上8点多回不去了，我就在台北万华站购买了一张自行车上车票，于是我和我的自行车一起搭火车回家了。贴心地设计不止这个，在台中市的火车站月台里，我还碰到过一个不是很大的"读册吧"，紧靠座椅，里面放着书籍，多为生活性质的，乘客在等车的同时可以享受一下知识的滋润，让紧张的心情得到安静与放松。

至于捷运，目前全台湾只有台北、新北和高雄三市有。高雄市的捷运线路很少，就两条主线，两线的交叉口是美丽岛站，站里那座名为"光之穹顶"的建筑非常壮观，颇有艺术性，是到高雄旅游的必去之地。台北车站是集捷运、火车、高铁站于一体的大型枢纽中心，台北捷运的运营网就比较密集和繁忙了，它不仅连接台北各区而且也延伸到了紧挨

台中火车站月台上的"读册吧"

高雄捷运美丽岛站的"光之穹顶"

捷运站内的电梯行人站一半，留出一半给着急赶路的人

台北的新北市。台北捷运的运送量较大，虽然没有北京地铁上下班那么的紧张，但是高峰时也会很挤，平常倒是有座。

台北捷运留给人最大的印象是人性化、有序化和干净清洁。首先，上下车是需要排队的，等车时，旅客要站在上车线一方，等下车的人走完后再依序上车，高峰时也是这样。台北捷运内换车不会很远，而且站内都设有手扶电梯，不会有"站着电梯下，爬着楼梯上"的境遇，这样拉行李的人就省力多了。捷运内不但电梯方便，而且搭电梯也秩序井然，一般的手扶电梯是可以并排站立两个人的，而在台湾电梯一边是站着的人，另一边是走动的人。站着的这边乘客可以静止不动，但走动的那边旅客必须移动，这样就不会挡住着急赶车的人了，即使走动的这边没有人，一般大家也不会站到那边，而是让出一条道。捷运内是禁止吃喝食物的，有一次，我搭乘捷运时喝了一口水，被一旁的乘客告知喝水是会被罚款的，以后就谨记了。

台铁、公车、捷运都是多种语言报站，一般是普通话、闽南语、客

博爱座是给特殊人群设置的，一般人不会去坐

家语，有时还有英语，这对于不会普通话的老人（闽南语和客家语是台湾的主要方言）或外国游客来说就方便多了。同时，台湾的捷运、火车、公车等交通工具上面都设有博爱座，就是专设给老人、孕妇、小孩、病人以及有特殊需要的乘客坐的，不属于上述范围的乘客平常是不会坐博爱座的，哪怕车子再拥挤，也要站着。让座是一件很自然的事情，一般的乘客会很自觉地让位给有需要的人，即使他的座位是普通座。有时博爱座没人，而坐在普通座位的老人也会主动坐到博爱座，把普通座留给站立旁边的年轻人。但现实中并不是人人都是如此，不给有需要的乘客让座，大声讲话，这些也都是有的，不过多数人还是能够遵守交通规范。

　　台湾的公共交通不如大陆便捷，基础设施也明显陈旧，而且没有安检存在安全隐患，也因此发生过重大的人为事故。不过，她也有自己所特有的交通文化，在高速行驶过的列车上每一位乘客应该都有不同的体验和感受。

　　（注：本文原载《统一论坛》2015 年 06 期，原名《一个祖国大陆学生眼中的台湾交通》，文章内容有改动。）

第三节　路上

难得到台湾，出去走走是常有的事，旅途中的故事和见闻是丰富多彩的，问路便是有感受的。

走在路上，最大的花絮大概是台湾人与大陆人对"距离"的反应相差甚远，若是二、三十分钟的步行，台湾人会说："好远啊，你真的要走过去吗？"大陆人会说："是啊，没什么，一会儿就到了。"这时，这位惊奇的路人可能会竖起大拇指说，厉害！若是问路，民众一般都会指点方向，告知路程长短。如果他真的不知道，那么他有可能会用手机Google一下，或是亲自领你过去。那么我这个背包客也有过这样的经历，在此记述两个路上的小故事，以表谢意。

一次是10月初，我与友人在花莲县的花莲市旅游，大约是下班后的

花莲县旅游服务中心

时候，天色有点暗了，路灯也亮了，我们俩骑着民宿老板家的自行车去慈济医院。人生地不熟的，不知道怎么走了，于是随口询问了一个停在路边骑着摩托车的阿姨，阿姨让我们跟在她车后面，我们俩就跟着走了。她骑摩托车快，我们登自行车慢，一路上她边骑车边往后看我们，还不断向我们招手示意跟上，如果车距拉远了，她会放慢速度直至我们赶上。就这样，她把我们亲自带到了慈济医院门口，然后就走了。今天，我也记不清这位阿姨的容貌了，也不曾与她多聊两句，但我仍记得在旅途中曾经有一位花莲的阿姨给我们带过路。

还有一次是1月份，我和台湾同学在新竹市游玩，路过市政府时我们的摩托车熄火了，我和朋友推着摩托车跑了几圈，怎么发就是发动不着。路对面是警察局，门口有个门卫，朋友就把车推了过去，请他帮忙看看。那位警察就骑在摩托车上面用脚踩啊，踩啊，还是踩不着，实在是不行，他说，车子坏了，须去维修店。当天是周末，附近的维修店不开门。警察局门口停了不少摩托车，摩托的车牌子上有维修的电话，他就在其中给我们找了一家店的电话。我们在等维修店拖车来的时候，他知道我们是来旅游的，就跟我们说对面那个消防局大楼有点历史了，应该拍下来。后来，拖车来了，我们走的时候向他感谢致意，他还以点头。

旅行中会看到不同的风景，或是大自然的神奇，或是古迹的沧桑，抑或是风土人情的多样。旅行的路上有愉悦，有享受，也有扫兴，嬉笑怒骂是之常有，在台岛也是一样，总归它们都是旅途的构成。不要期望它那么的好，也不要贬低它那么的不好。大多数老百姓都是热情与和善的，但坑蒙拐骗也是存在的。那么，为大煞风景的人与事付诸一笑，为萍水相逢帮助你的无名路人予以感激。

第三章　冷眼看政治

这一章写的是台湾的政治现状和社会生活，其中"太阳花学运"是2014年上半年发生的，距我到台湾的时间相隔不远，期间，服贸议题被多次谈起。第三节是关于选举，选举是台湾最重要的社会生活，选举本是一件看似严肃的事情，在台湾却有着玩戏的一面。

第一节　"台湾"方圆几何

平常提到台湾，一般会说面积 3.6 万平方公里，人口 2300 万，但由于历史社会原因，让"台湾"大小不定且含藏许多特别的社会现象。

目前，台湾当局还是沿用 1949 年前国民党统治大陆时的政治体制，即"立法院""行政院""司法院""监察院"和"考试院"五院分权制，"国号"——"中华民国"，"国旗"——"青天白日旗"也维持不变。所谓的"总统"是"国家元首"，掌军政最高权力，"总统"由选民一人一票选举产生。"立法院"是最高的立法机关，"立法院长"由"立委"选举产生，"立委"也是选举制。"行政院"是最高行政机关，"院长"由"总统"提名，"立法院"同意任命，"行政院"辖属各部会。"司法院"是最高的司法机关，"监察院"是最高的监察机关，"考试院"是最高的考试机关，但是"监察院"和"考试院"无多大的实权，现在要求废除的声音很高。

从 1945 年光复到现在，台湾共经历了 7 位"总统"，即蒋介石（1945

一个被淹没的过渡"总统"严家淦（图拍摄于台北中山纪念馆）

蒋经国与"副总统"李登辉（图拍摄于台北中山纪念馆）

2000年民进党陈水扁与吕秀莲当选正副"总统"（图拍摄于南投台湾文献馆）

国民党籍"总统"马英九与"副总统"吴敦义（图拍摄于南投台湾省政资料馆）

年—1975年）、严家淦（1975年—1978年）、蒋经国（1978年—1988年）、李登辉（1988年—2000年）、陈水扁（2000年—2008年）、马英九（2008年—2016年5月20日）以及现任的蔡英文，于2016年5月20日上任。陈水扁和蔡英文是民进党籍，其余都是国民党，不过李登辉在2000年国民党败选后被开除党籍。

"台湾省"不等于"台湾"

在台湾行政区划是这样的，由上而下是："中央"——"省""直辖市"——县、市（"省辖市"）——乡、镇、市（"县辖市"）——村、里。这样子有的县就比市大了，如花莲县下辖花莲市，花莲市是花莲县治所

悄无声息的"台湾省政府"

在地。与各级政府对应的是具有议会性质的各级民意机构,"中央"的是"立法院",地方上设省咨议会、市议会——县、市议会——乡、镇、市民代表会。

台湾发行的"中华民国"地图包括大陆各省区,不过还是使用1949年以前的区划和叫法,如西康省、察哈尔省、绥远省、热河省、海南特别行政区、北平(今北京),地图还包括外蒙古。

"省"里面有两个比较特殊的,一个是"台湾省";另一个是"福建省"。"台湾省"现在不是指整个台湾,台湾岛上面有六个"直辖市"分别是:台北市、新北市、桃园市、台中市、台南市和高雄市,现在的"台湾省"指台湾岛上除去这6个"直辖市"后剩余的13个县市加上澎湖县,所以"台湾省"的行政区划就是这14个县市。"台湾省"所覆盖的14个县市是:3个"省辖市"基隆市、新竹市、嘉义市加上苗栗、新竹、彰化、云林、嘉义、屏东、台东、花莲、宜兰县、南投、澎湖11个县,"台湾省"的"省会"设在南投县的中兴新村。"福建省"实际上仅

台湾 "末代省长"、现任亲民党主席宋楚瑜（图拍摄于南投台湾省政资料馆）

经常跟 "总统" 叫板的台北市政府

辖金门县和连江县，连江又名马祖，和大陆福建省的连江县同名，"福建省" 的 "省会" 在金门县。所以，所谓的 "中华民国" 实际控制地区仅包括 "台湾省"、"福建省" 的金门与马祖以及 6 个 "直辖市"，共 22 县市，面积 3.6 万平方公里，人口 2300 万，这就是我们平常所说的 "台湾" 的大小。

由于 "中华民国" 与 "台湾省" 的实际管辖区高度重合，1997 年 "台独" 思想膨胀的 "总统" 李登辉，通过 "修宪" 将 "省级机关" 虚拟化，"台湾省政府" 和 "福建省政府" 冻结为 "行政院" 派出机构，"省长" 不再是选举产生，而是由 "行政院长" 提请 "总统" 任命 "省主席"，"省政府" 已经没有实权了，"台湾省末代省长" 是现任的亲民党主席宋楚瑜。

近年来岛内 "台独" 分裂势力强力推行 "去中国化" 浪潮，现在岛内很少有人知道 "台湾省" 和 "福建省" 了，特别是年轻人。不过部分县市民众身份证的地址栏前面还是会出现 "省" 这一级，另外岛内小汽车和摩托车上挂的车牌也多见 "台北市"、"高雄市" 和 "台湾省"。

在台湾 "总统"、"直辖市长"、县市长、乡镇市长、村里长都是一人一票选举产生（选民年龄需满 20 周岁），因为都是民选的，"上级" 一般不能直接命令、指挥 "下级"，所以经常会看到县市长公开叫板 "总统" 的，尤其是不同党派的。

眼花缭乱的政党

台湾现有政党200多个,是全球政党数量与密度最高的地区之一。台湾最大的两个政党,一个是中国国民党(简称国民党),另一个是民主进步党(简称民进党)。1949年国民党由大陆败退台湾,在两岸关系上国民党承认"九二共识",反对"台独",认为"中华民国"领土涵盖台湾和大陆。在台外省人(1949年前后随国民党到台湾的大陆军民及其后代)多加入国民党,因国民党旗是蓝色,故称蓝营。民进党,1986年成立,其成员多是本省人,主张"台湾独立",因党旗是绿色的台湾岛,故称绿营。

国民党和民进党的党主席现在都是由党员直接投票选举产生,国民党在台湾的历任党主席是蒋介石、蒋经国、李登辉、连战、马英九、吴伯雄、朱立伦,现任党主席是洪秀柱。民进党历任党主席是江鹏坚、姚嘉文、黄信介、许信良、施明德、林义雄、谢长廷、陈水扁、苏贞昌、

原国民党中央党部大楼

游锡堃、蔡英文，民进党历任党主席都是本省人，现任党主席是蔡英文。国民党主席洪秀柱与民进党主席蔡英文都是女性。

除过最有实力的国民两党，亲民党、"时代力量"、新党、"台联党"等则是小党中的大党，也拥有少量的公职人员。亲民党主席是"末代台湾省长"宋楚瑜；"时代力量"执行主席是黄国昌；新党主席是郁慕明；"台联党"的精神领袖是李登辉。小党的意识形态比较强烈，台湾有"统独"之争，所以政党也两边站，与国民党立场相近的合称泛蓝，如新党，与民进党立场相似的合称泛绿，像"台联党"。

台湾是一个政治性社会，民众对政治的兴趣如同常年炎热的气候一般。1986年台湾开放党禁后，形成了罕见的组党热。在台湾成立政党要求不多，只要凑够30个人，填写一些过关文件就可以成立政党，当党主席了。以前听过一个笑话，说台湾有个"政党"，党主席是爸爸、副主席是妈妈、秘书长是儿子。台湾党多，性质杂，但大多数都是默默无闻的小党。

台湾政党名字前面最喜欢冠以中国、中华或台湾，如中国生产党、中华统一促进党、中华台商爱国党等；另一边像台湾"建国党"、台湾农民党、台湾"第一民族党"等。有时光看名字就知道是"敌对"政党了，如中国国民党 vs 台湾国民党（党主席甘乃迪，台湾将美国前总统肯尼迪翻译为甘乃迪）；民主进步党 vs 中国民主进步党等。

台湾还有两个老牌政党，中国青年党（青年党）和中国民主社会党（民社党），它们是1949年跟随国民党从大陆到台湾的，那些年是"花瓶政党"，现在已沦为"无名"小党了。

党多了，起名字就成了一个大学问，用五花八门、五彩缤纷形容台湾的政党一点不为过。绿党、白党、红党、东方红党是"颜色党"。树党、番薯党则是"植物党"。还有兴趣爱好党，如机车党（台湾对摩托车的称呼），顾名思义是关注摩托车司机的；2013年成立的豪党，则是球迷为了向NBA巨星林书豪致敬所发起的，最初以"林书豪党"申请被拒，党主席为此还将自己改名为"朱林书豪"。有的党的党名就更出特了，如天宙和平统一家庭党、我们自己的党、自由自在党、三等国民公义人权自救党、大道慈悲济世党（党主席王永庆，与台塑集团创办人"经营之神"王永庆同名同姓）。

戒严时期，国民党以抓"共产党"名义逮捕意异议人士，加上"人民团体法"禁止宣扬共产主义，所以共产主义政党无法在台生存。解严后，1989从工党分裂出来的劳动党是以社会主义为信仰的政党。2008年6月，台湾"大法官"会议"释宪"裁定，"人民团体法"中禁止主张共产主义"违宪"，2008年7月30日，台湾才有了冠名的共产党——"台湾共产党"，党主席是台南农民王老养。不过，此"台共"与历史上之"台共"没多大关系。目前，岛内共有四个"共产党"，其他三个分别是"中华民国共产党""中国共产联盟"和"台湾民主共产党"，其中2009年10月1日成立的"台湾民主共产党"的总书记是陈水扁堂弟陈天福。

台湾这么多的政党真正参与政治事务或选举的没有几个，绝大多数是无公职的，有的党连办公室和党主席都找不见，还不如某些社团兵强马壮。虽然有名无实，但是政党可以享受补助、接受捐款等"福利"，外加又能够满足部分人热衷政治的冲动，即使无权，但至少和国民党主席、民进党主席是"平起平坐"的。在台湾成立政党有如蔬菜市场买菜，所以人人都有可能是党主席，如果走在台湾的大街上有人说他是"某某党"的党主席，那要细细端详，搞不好连台湾人自己都没听过。

第二节 "太阳花学运"

"太阳花学运"之回顾

2014年3月17日，台湾"立法院内政委员会"等八个委员会联席初审《海峡两岸服务贸易协议》（以下简称：服贸）时，蓝绿"立委"爆发混战，国民党"立法委员"张庆忠在30秒内宣布服务贸易协议视为已完成审查引发不满。18日，反对服贸的学生团体占领"立法院"，23日学生一度冲进台最高行政机关"行政院"。30日，学运方宣称有50万人参加了当天其号召的游行抗议活动。4月6日，"立法院长"王金平宣布："在两岸协议监督条例草案完成立法前，将不召集相关党团协商会议。"10日，占领"立法院"24天之久的学生走出"立法院"，学运落幕。因学

学运期间，学生一度攻占台最高行政机构"行政院"

运期间学生以"太阳花"为象征物，故此次运动被称为"太阳花学运"。

我是 9 月到台湾的，学运已经结束了，不过学运的余温和残留还有。在台期间正好经历了"九合一"选举，逛街时偶尔也会看到"太阳花"的旗号。而在课堂上，老师和同学也曾多次谈起服贸议题。

对于学运爆发的原因，万夫所指"立法院"的"黑箱作业"。其实，大家都知道在"立法院"像打架、扔东西、锁门、密室协商、强行通过议案等现象是常态生活，引爆"太阳花学运"的张庆忠 30 秒算不上什么稀奇事儿。"黑箱"问题实质是台湾内部的民主问题，台湾的民主并非成熟的民主，而"立法院"的运作就是典型的代表，所以"立法院"一直以来备受诟病，甚至被称为台湾社会的最大乱源。

但"太阳花学运"的爆发不是一件单纯的偶发事件，而是有着深刻的历史社会背景，更重要的是牵涉敏感的两岸议题。除过台湾民主发展的程度问题，究其原因，首先是两岸实力的倒转与台湾青年对两岸关系

街道复印店里的"太阳花学运"标语

发展对比的不自信和恐惧。一方面，现在两岸的交往与相互依赖愈来愈深广和紧密。在经贸领域，大陆已经成为台湾最大的进口来源地和最大的出口目的地，台湾商场里面的众多商品都是大陆制造的，近年来也有很多台湾人选择前往大陆创业和谋生。在政治部分，2005年"胡连会"后，国共关系的正常化为两岸关系打开新的局面，特别是2008年国民党重新执政后，两岸不仅起航"三通"，而且陆客、陆生、陆资来台等都得以逐步实施。所以，两岸比之过去显得更密切和热闹。

但另一方面，改革开放三十多年来，大陆不但扔掉了"穷"帽子，而且经济总量已攀爬至世界第二，国际地位日益显著，伴随成绩而来的是人民自信心的增长，越有自信，越敢走出去，越不怕引进来。台湾与大陆则截然相反，卅年前台湾头戴"亚洲四小龙"的桂冠昂首挺胸走全球，而现在每天面对的只有低薪、债务、失业、就业……所以，正是在这种大陆崛起台湾下沉的背景下，台湾青年越来越显得恐惧和不自信，尤其对大陆。在课堂讨论中，有同学认为台湾无能力在服贸中获利，但实际是多年来台湾在两岸经贸往来中常持巨额的顺差。与其说台湾青年是对台湾经济能力的不自信，毋宁说是对台湾没信心。

再者是台湾社会氛围的变化，特别是近年来"台独"势力的活跃。从李登辉到陈水扁再到现在，快30年了，30年就是一代人，现在年轻人是在"台独"兴起的教育环境下长大的，再加上社会的氛围渲染，自然而然对大陆有了区隔。很重要的一项就是台当局对教科书的修改，从前的教科书中国历史、地理占据很大篇幅，如今中国部分删减了许多，而且台湾史也独立成册，现在比较强调"本土化"和"去中国化"。

有次，我在餐馆吃饭碰到一位大姐带着上小学三四年级的孩子，她说现在的孩子都不知道什么长江黄河了，跟她们那个时代学的内容完全不一样了。

"台独"人士想尽方法切断台湾与大陆的联系，突显两岸的冲突和差异，而在这样的教育和社会环境下成长起来的年轻人对大陆会有好感吗？

当然台湾内部问题也是引发"太阳花学运"的关键因素。首先是国民党的政绩不彰。执政团队频频失误，像"八八水灾""美牛""油电费""核四""洪仲丘案"等事件的应对引起民众一次又一次的不满，马当局的支持度备受重创，时人相讥"九趴总统"。当局对服贸的宣导也不够充实，导致民众积压已久的愤怒在"太阳花学运"时总爆发。其次是国民党内部之争。"总统"马英九与"立法院长"王金平的心结由来已久，两人曾同台竞选国民党主席，结果王败马上。而马英九执政后国民党的议案在王金平主导的"立法院"屡遭搁置，无法通过，后来的"关说案"则让马王冲突公开化。再次是蓝绿的恶斗。学运能够持续20多天离不开民进党背后的操纵和鼓动，学生领袖也被传有民进党背景。

　　至于，"太阳花学运"的影响，从短期来它看不但催生了诸多的新生社运团体和明星，像"时代力量"、林飞帆、陈为廷、刘乔安等，而且民进党"九合一"和"总统"的胜选都与此有关。但随着时间的推进，现在政权也更替了，其情形也随势而变，当时的学运明星接连陷入了丑闻，而台湾社会对"服贸"的看法也开始转弯。

　　回过头来，对于是否应该搁置服贸，并不是所有台湾学生都赞同，实际上有人未参加活动，有人是反对"学运"的，也有人是支持通过服贸的，当然也有参与的。对于服贸被遭搁浅后是否有利于未来台湾经济的发展，有同学表示疑虑和担忧。老师的观点就很特别，他说："服贸对台湾是利大于弊，大陆要的是面子，台湾要的里子，但台湾不能里子和面子都要。"那么，在台湾谁是"太阳花学运"的最终赢家呢？其实谁都不是赢家，大家都是输家……

台湾交通部门在机场放置的服贸宣传单

"九合一"选举时有人打出了"太阳花"的旗号

第三节 "九合一"选举

"九合一"选举是指 2014 年 11 月 29 日台湾各地各级要选出九类公职人员,即"直辖市"市长、县(市)长、乡(镇/市)长、村(里)长、"直辖市"议员、县(市)议员、乡(镇/市)民代表、"直辖市"山地"原住民"区区长和区民代表。此次选举为台湾史上规模最大,参选人数最多的地方选举,选举人总数为 1851 万 1356 人,登记参选人数达 19762 人。而此次选举也被认为是 2016 年"总统"选举的前哨战。

选举文宣

广告是选举过程中必不可少的工具,主要发挥宣传参选人政见、政绩、提高个人曝光率和攻击对手的作用。宣传对于一个竞选者的胜败至关重要,所以各政党和候选人都舍得花血本来打文宣。

新时代政党和候选人除了开设专门的竞选网站,户外文宣是传统阵地,而户外文宣以广告牌和旗子最为常见。早在选举之前,街道上就挂起了许多印着候选人照片和政见的看板。临近选举,竞选广告越来越多,到处插的都是旗帜,密密麻麻的。楼房、墙壁、桥墩、电杆、公交车甚至寺庙门口都有,反正有人出没的地方就有竞选的影子。广告板的内容五花八门,但基本的信息是必需的,竞选人的姓名、选区、竞选职务、序号、政见、党籍、党徽、个人照片等,旗子的内容相对很少。

参选人的文宣广告多喜欢与本党的党魁或党内明星合照拉抬气势,即使没有人力资源,那至少也要找几个可爱的小朋友出镜。民进党人以党主席蔡英文居多,在高雄、台南,现任民进党籍市长陈菊和赖清德颇受青睐。由于身兼国民党主席的"总统"马英九民调低迷,被视为"票房毒药",街上几乎看不到一张国民党候选人与马英九的合照,甚至在投

一堵选举墙（前面的寺庙门口也有）

票前夕还出现过国民党候选人的选举广告牌被人粘上"票投我就是支持马英九"的贴纸。国民党参选人很多都是独自出镜，但在新北市，议员候选人纷纷打出了与新北市长朱立伦的合影，但是朱立伦的市长连任广告却只有他一个人。亲民党、新党、"台联党"这些小党基本上打出的都是各自的党主席，宋楚瑜、郁慕明和李登辉（"台联党"精神领袖）。

相对于县市长和议员候选人，村里长参选人就寒酸多了，虽然官微名小，既没财势，又没政党、

国民党候选人被贴上了民调低迷的马英九的恶搞标签

明星的加持，但选举就得让选民知道自己的存在，村里长候选人还是会在选区内打出自己的看板或旗子，虽然宣传品没有多大的气势，但起码的姓名、参选职务还是有的。

候选人与谁合影不但很重视，同样对看板上的内容也很讲究，但也有千篇一律的现象。要么尽举自己的好处，要么罗列对手的"罪责"。候选人如果是名校毕业的，如"台湾大学"就会现身；如果是现任的则会突出自己的政绩；如果是俊男靓女，那么少不了个人形象的打扮。

各竞选人为了显示自己的与众不同，会绞尽脑汁地想办法以求杀出重围。民进党彰化县议员候选人赖岸璋的看板上只放了一双破旧的运动鞋，左上方画了一个大大的"勤"字，下面是"拜托"二字，看来是想以"勤快"服务来打动选民，而他本人的照片并未出面。选举少不了借助各行的明星效应，新北市有议员候选人贴出了与国际知名刑事专家李昌钰的合照广告牌。亲民党有位花莲县议员候选人——释杨悟空，这名字与妇孺皆知的孙大圣可真像。

临近投票的冲刺阶段，街上的看板会出现集体性的"黑色危机"，而

只见鞋子，不见人

街头宣传牌

且都会印上大大的"抢救"二字和"不要让某某某高票落选"的字样。民调高的是这样，选情危险的更是像十万火急一样。桃园县中坜市长是国民党籍的鲁明哲，因为桃园县要升格为"直辖市"，桃园县变成桃园市，中坜市就成了中坜区，鲁明哲本次出马竞选桃园市第一届议员。鲁明哲的声望在中坜很高，而且有现任执政的优势，他的竞选广告于投票前也变成了黑色，开票的结果是鲁明哲在中坜选区名列第一。不过，有位候选人的黑色广告还成了同学之间揶揄的取材，中坜有个叫袁明星（男）的议员候选人找到了本党的蔡英文主席，只见全黑的看板上蔡英文手托下巴低头沉思，旁边的"中坜我很担心 ⑳ 袁明星"10 个大字格外亮眼。以后，有同学还互开玩笑："中坜我很担心你。"

候选人隔空叫板的文宣也屡见不鲜。民进党高雄市议员候选人简焕宗在街道上悬挂大型条幅质疑国民党的陈美雅（日本早稻田大学法学博士）："伪造文书、诈领助理费、遭判刑 1 年。陈美雅知法犯法？！请问

临近投票前夕，很多选举看板以黑色告急

早稻田大学知道吗？"身在日本的早稻田大学也难逃台湾选举的圈圈。选前为了"经国路"（经国指台湾前领导人蒋经国）台北市长候选人连胜文（国民党候选人）和柯文哲（无党籍候选人）杠上了。柯文哲说，台湾到处有中正路、中山路，更无耻的还有经国路。连胜文则回应若当选要将台北市政府前的"市府路"改为"经国路"。连营还在报纸上登了广告：

柯文哲说：更无耻的叫经国路！

为什么不是登辉大道？

美国到处是华盛顿路、林肯路、甘乃迪路，美国没有人认为是马屁文化！蒋经国用一条路名纪念更可耻吗？李登辉有登辉大道又是什么？

我们要替蒋经国讨公道！

李登辉在任时，就有"登辉大道"。蒋经国直到去世后，才有"经国路"，而且台北没有任何"经国路"。柯文哲批评"经国路"更可耻，有公道吗？有良心吗？

开福利是选举宣传中最常见的内容，选民之所以投候选人就是因为他能带来"好处"，再说自己不开福利，别人开了，选票就跑了，所以福利支票成为拉拢选票的重要手段。至于这支票到时候能不能兑现，当选最重要，所以现在台湾享受福利的老人年龄越来越小，儿童的年龄越来越大，导致有些县市财政甚至出现"破产"的危机。打福利战的手法上到"总统"选举，下到执掌百来十户人家的村里长。

有次，在街上看到台北市有位里长参选人的宣传页。

（1）每个月4万多元的事务费（免扣税哦），邻长由里长指派，也有钱拿哦。

（2）每个月补助里办公室租赁费约3万元（加上里长事务费＝月领

7万多元薪水）。

（3）每年影印机事务费补助6千元（里长办公室有影印机）。

（4）每年9万元三节奖金（需扣税）。

（5）每年基层工程款约50万（随里长花，免报账）。

(6) 每年资源回收奖励金35万(您辛苦资源回收的钱，由里长自行处理）。

(7) 每年可向"内政部"申请社区发展补助（金额不限，以10万元起跳）。

（8）每年健康检查费3万5千元（凭单据核销）。

（9）每年补助自强活动费6万元（随里长花）。

（10）每任（4年一期）补助"出国费"9万（从香港当日来回即可）。

（11）每任一部机车4万5千元（凭单据核销）。

（12）每任退休金9万元（若没连任，也有退休金可拿）。

（13）每任制装费5万元（凭单据核销）。

（14）全家人享免费全民健保（第2类）

（15）任职期间病、伤、残、丧、婚等……另有补助哦。

总计：每任（4年一期）里长领到的净额，将近400万元不等！

宣传页右边是这位候选人的政见"福利"：服务处设有免费幼儿临时托育照顾（2—7岁），需提前预约报备（本人有保姆证照）；新鲜鸡蛋10颗只要20元（每天供应一箱，20公斤）；星期一、四免费简单检修电脑，星期二、五免费法律咨询，星期三、六免费发送爱心面包及馒头（每次100份发完为止）。

虽说竞选广告无处不在，无所不有，但不是所有地方都可以进行竞选活动的，例如，车站里面是没有选举海报的，学校里也是禁止拉票的……

一波未平一波又起

选举，这种看似严肃的活动中也有很多意外的搞笑玩戏，"九合一"选举期间无党籍新竹县长候选人郑永金的广告就是一例。此次竞选新竹县长的有两大人物，一个是现任的国民党籍新竹县长邱镜淳，另一个是无党籍的郑永金。郑永金原为国民党人，2000 年到 2009 年曾连续担任过两届新竹县长，这次执意再次参选，遭国民党开除党籍。新竹县政治生态是蓝大于绿，民进党为了蓝天变绿地，决定不推选候选人，而支持以无党籍身份参选的郑永金。

县长邱镜淳曾在由新竹主办的活动中请来了著名音乐女子团体 SHE 中的本县籍 Hebe（田馥甄），而郑永金团队则于 10 月 12 日在 YouTube 上公布了一支竞选广告，影片标题为"超清新美女——郑永金竞选广告 CF——清新篇"，没想到这支广告却意外爆红。影片中有一位外形靓丽、身材曼妙，长发飘飘的女主角身穿白色小可爱半露酥胸，下身着牛仔短裤搭红色布鞋。广告一开始，这位正妹推着一辆单车走到街道边，旁边打出了"真实的新竹县"的字样，接着又骑着单车经过新竹县内的主要景点，景点的标识牌上面刻着郑永金任县长时的题字。到达北埔乡南埔村时美女则坐在地上面带甜美的笑容用笔记东西，而镜头则给了半裸的胸脯一个短暂的停顿。画面播放到了北埔老街，老街是高低不平的砖块砌成的路面，靓妹从远处骑过来，越骑越近，美女的胸脯则随着车的波动上下抖动，随后抖动着转弯而过。影片结束的时候荧屏才出现了"新竹县长候选人郑永金：新竹县向前行，建设福利不能停"的字幕。整个影片只有音乐没有旁白，而正妹走过的地方都是郑永金以前的政绩工程。

就是这支短短只有三分零三秒的公告，一下子被网友给点爆了，推出仅仅三天点击率就超过了三十万人次，比知名歌星拍的宣传片点阅率还要高，而按捺不住的网友则纷纷留言表白心声：

真是一波未平一波又起啊……

突然觉得政府不把路铺平是一大德政……

由衷感谢新竹马路没铺平……

北埔乳震！都震晕了……

选宅男女神？我会投一票喔……

有网友看了短片以为这位美女就是郑永金，还希望她当选后好好为人民服务。也有网友说自己从头到尾都没有看美景！广告意外地爆红，让这位美女人气暴涨，大家都急于搜索这位正妹，不久她的资料就出现在了媒体上。原来这位被郑永金请来助选的靓女，叫高嘉璐，是位模特儿。

由于竞选广告赚到高人气，郑永金团队又于 11 月 15 日发布了"超清新美女——郑永金竞选广告 CF——温泉篇"，再度掀起话题。这次高嘉璐还带上了自己身材同样傲人的朋友 Sunmmer，她们以裸露香肩泡温泉的方式来助选郑永金。对于网友们的热情响应，高嘉璐则表示："希望大家不要模糊焦点，大家可以多多欣赏新竹的美景。"

其实，这种以长相靓丽的女性来造势的方式在选举之年很普遍，有个专有名词叫"辣妹助选团"，希望以此种方式来拉高选票。虽然"九合一"选举让高嘉璐意外爆红，也吊足了网友的胃口，不过郑永金未能如愿以偿重登县长宝座，看来选举还是得靠真功夫。

扫街造势

投票前的那段日子，整个社会都是围着选举转。每天报纸的头条是选举，新闻电视台也几乎都是连续地滚动播出，越到最后候选人的拉票声势就越浩大。

开选举车上街也是传统的拉票方式，选举车会绑上大喇叭，插上旗帜，车头前面挂上候选人的序号，参选人则穿着印有自己名字的马甲

相对于县市长、议员竞选者，村里长候选人有些"寒酸"

（台湾政治人物出席活动喜欢穿马甲）站在车厢上，后面会站几个手持小旗子的帮手，有时候车上还会打鼓。车子会在大街上四处穿行，竞选者不时向路人招手，有民众会在车队经过的地方燃放鞭炮，也有激动的支持者会跳着和车厢上的候选人握手。拥有车队的候选人往往都是层级偏高或有权势的人，没有权财的（其实能出来选举都不是穷人）或层级低的候选人有时候可能就一辆车，也有蹬三轮车的。

可能因为民众都熟悉了选举车，某天走在街上，一辆正放着喇叭的车子向我这边开来，我听不懂闽南语，以为是那位候选人又在造势了，等车子到了跟前，一看车子身上贴的广告，啊，原来是主人在寻找丢失的狗狗……

除了开选举车，挨家挨户握手拜票搏感情是必不可少的，人群集中的菜市场、街道商户是重点拜访对象。拉票的重头戏是举行大型的造势活动，参选方会先在街道贴出通知或在脸书（即 facebook）上公布自己造势活动的时间和地点，层级高的候选人会也会在电视、报纸、网络上提前公布自己造势活动的情况。活动往往会安排在周末，尤其是选前的最后一个周末，被称作"超级周末"。选举过后当选者和落选人会有个谢票活动，也是在大街上贴通知，开宣传车之类的。

"婉君"

以上都是传统的选举方式，随着科技和信息的进步，新的选举方式也应运而生，就看谁怎么玩。中坜有位叫王浩宇的青年，1988 年生，是绿党的桃园市议员候选人，系首次参选，不过他的选举方式挺特别的，既没有开宣传车、也没满大街贴广告（有少量），主要是靠高峰时刻在十字路口演讲和经营 facebook。

有一次应该是下午 6 点左右，我骑自行车回学校，十字路口的红灯亮起后我停在路边，看见王浩宇拿着话筒对着红灯下在等绿灯的路人演讲，后面站着一个小弟，举着牌子，就两个人。只听见他说，（大意是）台湾每到选举的时候就把路挖了再重新铺好，骗取人民的选票，他当选后要改变这种现象（台湾路不好跟选举有一定的关系，某些公职人员为增加政绩或赢得选举，有时候会把好好的路挖掉重新再铺上，以讨好选民。台湾是选举型社会，挖路铺路也就成了民怨。）绿灯一亮，我们暂停的人和车瞬间而过，"主讲人"仍站在那里，真不知那 1 分钟左右的"演讲"会有多大的效果。

同时，网络是这位候选人的另一个重镇地。2011 年王浩宇开设了"我是中坜人"的脸书，担任脸书粉丝团的"团长"，经营 3 年多，粉丝团破 26 万人。他发现 26 万网友中有 13 万设籍中坜市，其中 88% 有投票权，粉丝团潜在可开发选民就高达 10 万人。而日常讨论的话题涉及政治、市政、交通、美食等等。

由于用心经营"十字路口"和"Facebook"，在 22 抢 10 的中坜选区，最终他以 1 万 6269 票荣登榜眼，票数甚至超过了桃园县议长邱奕胜（也在中坜选区）。对于他能当选很多人都感意外，投票前有次去医务室看病，还听见医务人员在笑："有个什么候选人，还叫'我是中坜人团长'。"

目前，"我是中坜人"高居全台湾地区性粉丝专页的第一位，被网路杂志评选为最具影响力的社群网站第 8 名，而他的当选也实现了绿党零的突破，更重要的是他是少数专依"婉君"（"网军"的谐称）当选的候选人。

选举之夜

通常选举的日子都定在周末，民众不用上班，学生不去上课，以便选民投票。投票所一般安排在学校、活动中心、乡公所等地。台湾选民的法定年龄是满 20 周岁，现在正在讨论是否要降低到 18 周岁。投票当天候选人是不能拉票造势的。

"九合一"选举的时间是 2014 年 11 月 29 日，星期六，投票时间是早上 8 点到下午 16 点。投票结束后就直接开票，各大电视台会现场直播各地候选人的票数变动，候选人会派人至现场监票，民众也可以现场看票。开票启动后，群众会陆续地前往各自支持的候选人的竞选总部加油打气。随着参选人票数的变化，支持者情绪也随之起伏。胜利在望的，欢呼声不断，人越聚越多；票数低迷的，支持者则略显落寞。2014 年的选举显然国民党表现糟糕，民进党人多处于领先地位，电视画面里不时有民进党候选人自动宣布当选，传出庆祝的鞭炮声，而国民党人则出来一个落选一个，连原先被看好大赢的新北市长朱立伦也差点落马了，原本的庆祝大会变成了朱立伦的一脸严肃。落选的人通常会对当选者表示祝贺，胜利者则会向对手表示敬意！

开票当晚就结束了，国民党遭遇滑铁卢之战，在全台湾 22 个县市中，国民党从原来执政的 15 县市骤降至 6 席，民进党则由原来 6 县市翻倍扩升到 13 席，民进党比国民党多出 7 席，"六都"（台北、新北、桃园、台中、台南和高雄）国民党仅仅保住了新北市。这次连台湾政治、

寻求连任的新北市长朱立伦

"九合一"选举柯文哲出尽风头

经济、文化中心的台北市也失守了，代表国民党参选的是国民党荣誉主席连战之子连胜文，他的对手是政治素人无党籍的柯文哲。

稍后国民党中央举行了记者会，面对国民党的惨败，国民党秘书长曾永权和"行政院长"江宜桦双双宣布请辞，党主席马英九鞠躬道歉，但是马英九没有按照惯例辞去党主席一职而引发了舆论和蓝营民众的强烈批评，面对愤怒的民声12月2日马英九辞去了中国国民党主席一职。虽然这次国民党遭遇崩盘式的惨败，但没有几个人去党中央抗议，而2000年国民党的首次败选，支持者聚集于中央党部前要求李登辉（时任国民党主席）辞职，媒体的解读是蓝营支持者对国民党实在是太失望了。

这一夜有人当选，有人落选；有人笑，有人哭；有人喊加油，有人喊下台！真是几家欢喜，几家愁，这一切都出现在选举之夜。

但选举并不是那样的美好，投票本应鼓励选民以理性的判断来抉择候选人，但台湾选举过程中的抹黑、抹黄、抹红层出不穷，竞选中惯用眼泪、下跪这种以感性的方式来刺激选民投票的手法时常上演，甚至有采取"枪击案"的同情效应来救济选情的。有的竞选对手并不是以民众的切实需求为辩论，而是打高空假议题。有些候选人为了胜出，甚至施用夸张的语言、极端的主张来吸引选民，而目的仅仅是越过当选线而已。选举是否会促进社会的团结呢？在台湾"省籍"问题是选举中永不过时的"议题"，"省籍"是一部分人的"提款机"，而又成了另一部分人的"绞肉机"，"省籍"也因选举成为台湾社会长久难以弥合的伤口。

如鱼饮水，冷暖自知，选举也是一样。有台湾人说："我们知道我们台湾政治很乱，但我们已经习惯了。"有人灰心冷漠，放弃投票，有同学说，她自有投票权以来，一次票都没投过，原因是很多时候高票当选的人最后都被人民唾弃，她怕自己看走了眼错投了票，到时候会有负罪感。也有人说他是含泪投票的……

附：2014"九合一"选举各"直辖市"及县市长当选名单

地区	当选人	性别	党籍
台北市	柯文哲	男	无党籍
新北市	朱立伦	男	国民党
桃园市	郑文灿	男	民进党
台中市	林佳龙	男	民进党
台南市	赖清德	男	民进党
高雄市	陈菊	女	民进党
新竹县	邱镜淳	男	国民党
苗栗县	徐耀昌	男	国民党
彰化县	魏明谷	男	民进党
南投县	林明溱	男	国民党
云林县	李进勇	男	民进党
嘉义县	张花冠	女	民进党
屏东县	潘孟安	男	民进党
宜兰县	林聪贤	男	民进党
花莲县	傅崐萁	男	无党籍
台东县	黄健庭	男	国民党
澎湖县	陈光复	男	民进党
基隆市	林右昌	男	民进党
新竹市	林智坚	男	民进党
嘉义市	涂醒哲	男	民进党
金门县	陈福海	男	无党籍
连江县	刘增应	男	国民党

第四章　走进校园

本章讲的是我的台湾校园生活，既很新鲜，又有收获，也有吃惊。虽然学校都是教书育人的地方，但台湾学校跟大陆学校还是有差异，差别不在于硬体建设，而是人文表现。第一篇是我当时写的一篇小短文，后来改写了一下；第二篇是我们的一次专业课讨论，学生自由发言，我将同学的发言简要归纳，有感而发；第三篇算是我对整个学校生活的总回顾。

第一节　最惊讶的一堂课

在台湾读书一学期下来，令我最为惊诧的不是台湾同学南辕北辙的政治观点，也不是眼花缭乱的娱乐活动，而是我上过的一堂游泳课。我从小生长在北方，没下过水，到中原大学后，听说可以选修一门不记学分的游泳课，自己不会游又有老师教而且也不用交钱，于是我就毫不犹豫地报了游泳课。

学校体育馆里建有游泳池，刚开学的时候，因为游泳池在维修，所以上了几节理论课。上理论课的教室没有桌凳，地面上放着坐垫，大家就脱了鞋子席地而坐。有一次，老师站在上面讲，我们坐在下面听，慢慢地大家坐不住了，各种各样的姿势都出现了，居然有人平躺在坐垫上呈睡觉之势，再到后来睡得人越来越多，当然没有睡着。令我诧异的是，当老师跟一个学生讲话的时候，睡着的这位同学并没有坐起来，居然纹

中原大学游泳馆

丝不动地保持着老姿势回老师的话，像睡佛一样手托着侧脸，看着老师说话。啊，怎么是这样，学生可以躺着和老师讲话，我还是第一次见到这样的情景，让我大为震惊，无法理解。然而，老师并没有责骂这些同学，同学和老师都有说有笑的。

其实，我这位老师是一位数学非常勤勉的工作者，通常上课都比大家来得早而走得晚。以后的实践课基本上都是固定模式，即先复习过往内容，再教授新的知识。班里绝大多数同学都会游泳，只有个别人略显生疏，包括我一点都不懂。老师每次教完新内容后都会将剩余的时间用来指导我们几个吊车尾的，并时常鼓励我们。学期终，我虽游得不怎么样，但在泳池来回游几圈没有任何问题了，而且还会变化泳姿。

虽然以后我看到了更多台湾同学在课堂上随心所欲的表现，对于他们来说可能习以为常了，但是我始终无法接受这种行为。

第二节　激辩"台湾地位未定论"

一个社会是什么样的，那么这个社会中的学校大概也是那样的。如果说台湾是一个分裂的社会，那么台湾的学校和学校里的人也八九不离十了。假设有十个陆生和十个台生在一起，若问他们对于"国家大政"的看法，十个陆生可能是一个答案，而十个台生可能就有十种见解。其实，在台湾大家认同的杂乱，不仅表现在政治上，而且这种思想的分裂与对立也蔓延到了学术领域，并坚持己见，致使众生价值观混乱，方向紊乱，有如"迷途的羔羊"。

有一次，老师吩咐同学们作"台湾地位未定论"的专题讨论，每人都必须发言。这是一个在台湾问题研究上经常碰到的议题。老师声明大家自由发言，可认同可否认并要阐述自己的原因。班上有 10 多名同学，按程序先由一名同学做"台湾地位未定论"的专题研究报告，然后再由余者逐个陈述各自的观点，老师中间点评并做最后总结。台湾是言论"开放"的社会，平常只是上课，并不十分了解班上的"政治生态"，结果这次大鸣大放，大家都"原形毕露"了。

支持"台湾地位未定论"观点的：对《开罗宣言》等条约的法律效力有异议；有人认为 1949 年后的"中华民国"属于"流亡政府"；也有人认为"中华民国"的存在不合法……

不赞同"台湾地位未定论"观点的：认为《开罗宣言》等条约是有法律效力；《马关条约》将台湾、澎湖割让给日本，第二次世界大战日本战败，归还台澎，当然是归还"中华民国"，并且也得到了国际的认可；有人认为 1949 年后的"中华民国"继续存在，在台湾仍然会称"国名"为"中华民国"，并且"宪法"也继续存在……

本次有 15 名同学参与讨论，结果是，15 人中有 6 名同学支持"台湾地位未定论";1人是中间派,无结论;剩余8位不赞同"台湾地位未定论"。事后,有个赞同"台湾地位未定论"的同学说,他的内容本来是表述不支持"台湾地位未定论",结果他把结论给搞反了。上面不赞同"台湾地位未定论"的8人中包括2位陆生,陆生相比台湾同学对此问题的看法就比较一致和明确了,即我们都认为1945年台湾回归中国,台湾是中国的一部分,反对"台湾地位未定论"。

最后,由老师做总结说明,老师列举了各种档案文件得出结论:二战后台湾归还中国,"台湾地位未定论"至始至终都是美国人基于朝鲜战争的需要所设计的,是一个政治算计。

这是一次学术讨论课,也是一次具有代表性的课堂辩论,大家态度鲜明,立场不让,期间学生也与老师有过争辩,但整个过程中还算理性。在台湾的课堂上,学生都是自由发言,不受老师立场的制约,但这个专题讨论的过程和结果还是令我有几分震惊。

大家的论述不是很完整,也有错误之处,但这个结果也映射出台湾的社会现状。现实中,台湾是一个大分裂的社会,大家都对于"国家"的认同非常混乱。有人认为"国家"是"中华民国",包括台湾和大陆;有人说"中华民国"仅指台湾;也有人认同"国家"是"台湾",认为"中华民国"已亡或"中华民国"是"流亡政府"。有人支持两岸"统一",有人声称"台湾独立",有人要"维持现状"。有人说台湾是美国的"属地",也有人至今把台湾与日本挂钩。更夸张的是有人主张台湾管辖的"花莲县"应"独立",还有人认为可以让金门"自决"。面对台湾的"乱",有时也可以感觉得到他们的内心充满了无奈和渴望,在以后的谈话间,会发现台生多少对我们大陆有羡慕之意的流露,或明或暗。

台湾本可当地缘格局中的一块香饽饽,如今却沦落为"亚细亚的孤儿",原因是它高看了自己的"定位",高估了自身的能力。然而代价是沉重的,换来的是经济的停滞,社会的分裂和失去方向感的人群。有时候觉得台湾就像汪洋中的一艘小船,在漂泊,在寻找方向,它在迷途……

第三节　新鲜多彩的校园生活

我在台湾交换的学校是中原大学，校址位于桃园县中坜市（现已"升格"为桃园市中坜区），中原大学是一所私立基督教院校，由国民党要人张静愚、钮永健和中坜名士吴鸿森（前国民党主席吴伯雄的伯父）等人于1955年创办。学校面积不大，但环境很漂亮，校内栽满了大榕树，榕树下面放置着木质座椅，松鼠不时在榕树上跑来跑去。教学楼的名字都挺有寓意的，如怀恩楼、庄敬楼、仁爱楼、全人教育村、真知大楼等，行政楼名维澈楼，是以捐款的校友名字命名的。

课堂印象

在中原大学，我既有报文化课，也有选不计学分的游泳课。一学期

以校友名字命名的行政楼

下来，课堂印象算是新鲜而深刻。

两岸有一个明显的差异，大陆师生注重"大"，台湾看重"细"。以写文章为例，陆生往往是高屋建瓴、大江大海、一统天下，重规范；台湾同学则着眼细处、小处出发，细处构造。另外台湾师生的课件比较活泼，里面偶尔会点缀自己拍摄的图片（可能与主题无关），也可能会以歌曲来衬托。这或许与彼此生长的地域环境有关。

课堂上，学生有不同的意见可以自由表达，不受老师观点的控制，学生会反驳老师，老师不会因为意见不同而训斥学生。受社会环境、家庭出身的影响，对于历史和政治问题大家都有各自的看法，不过往往阵营分明，很难有一个统一的观点，无论是台生内部，还是陆台生之间，但是在课堂上少见大吵大闹的。

跟大陆还有一个颠倒性的不同是大陆的学生怕老师，而台湾却是老师怕学生。时常有学生投诉老师，所以老师不敢怎么骂学生，搞不好学生还会当面呛老师。有同学大学毕业后曾在中学教过书，说，学生在课堂上呛她，还将她投诉到了县教育局，教育局派人来学校找领导。

可能是由于社会风气的缘故，台湾学生随意性强。迟到旷课比较严重，不管是研究生的课还是本科生的课，而且台湾学生有人会穿拖鞋来上课，这在台湾已经沦为了一个普遍现象，老师能接受，有学生会认为这是"自由"的范畴。上一辈的台湾人批评年青的一代，不像他们那一代人尊师重道，也不如老一辈人勤奋。为此，老师曾在课堂上播放了香港学生穿着打扮的图片，显得正式而庄重，其暗示味十足。

不过，台湾学生有一个明显的优点：自力更生。在学校的办公单位，随处可见勤工俭学的学生，工读生的高比例相当地顶替了职员的岗位，或在图书馆，或在体育馆，甚至在医务室，有时候你称他"老师"，其实他应该叫你"学长"。因为身边都是研究生，很多人都在当助教，有的人甚至还身兼两三个老师的助理工作，当然这是有报酬的。而且不乏在校外兼职辅导班，补习学生之类的。这种一人多角色的分身术，虽无法让

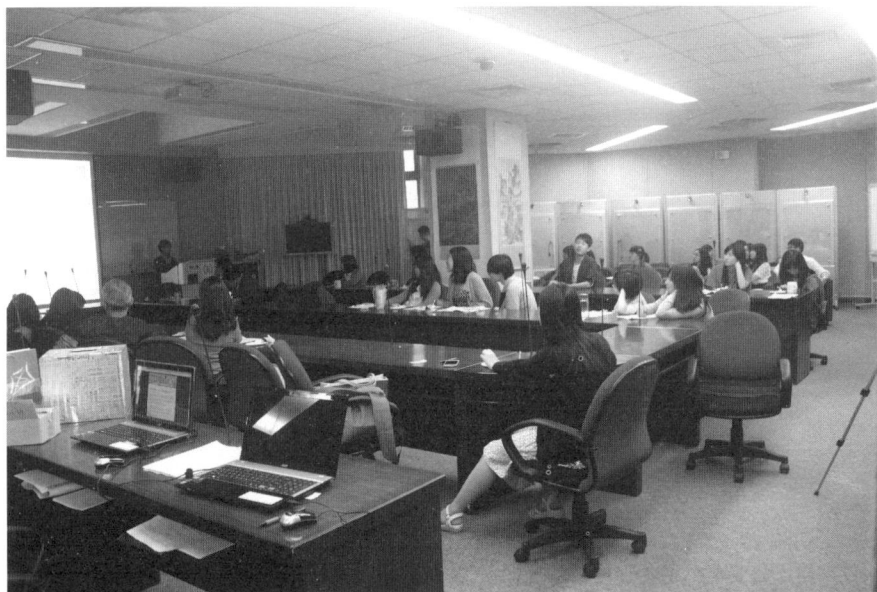

校友日，众校友返校分享生活的点点滴滴

他们专心学习，但保障了经济上的独立，减轻了家庭负担，也早早地融入了社会。

相对台生的随性，专业课的老师就比较专业、负责、勤奋。学生有事找老师（包括行政人员），老师一般不会推三挡四。有时老师也会主动为学生联系该研究领域的专家学者认识。因为写论文的需要，我经常去系办找老师开证明、写介绍信、盖章，有时也会让同学代办，老师都不厌其烦。我临走的前一天，资料还没有复印完，校外的复印店嫌多，不接我这活儿，可是资料我又得带走，情急之下我又去找系办老师。我知道在我们教学大楼的9层有一台复印机，但那是留给老师专用的，跟系办老师讲明情况后，老师为我开了"后门"，我在超市买了复印纸，这样既完成了任务又省了钱，真的很感谢系办的老师！

图书馆

中原大学图书馆全名是"张静愚纪念图书馆"，张先生是中原大学的

以校创始人命名的张静愚纪念图书馆

创办人，在图书馆一楼大厅里有一间张静愚先生纪念室，进图书馆时会经过那里，大厅里面挂着一面平板电视经常播放静愚先生的画面。纪念室里有先生各个时期的文字介绍、照片、物件，墙板上还书写着圣经里的哲语。

张静愚先生，山东人，育有子女七人，皆有所成。唯一特殊的是老二中国科学院院士张新时先生，他是 1949 年唯一没有随父母和兄弟姐妹到台湾的孩子。现任中原大学张光正校长是静愚先生的幺子，张校长性情直爽，快言快语，在陆生的欢迎会上他回忆了中原大学的历史，因为他的父亲在民国时期曾担任过河南省建设厅长，中原大学故有怀念中原之意。

来台湾的第一天下午，我们便参观了校图书馆。图书馆藏书还算丰富，各类型的都有，也有介绍大陆和大陆作家的著作。因为是宗教大学，里面有大量的宗教书籍。报纸不多，就是台湾四大报《联合报》《自由时报》《苹果日报》《中国时报》，好像还有一两份专业报。杂志倒是不少，《新新闻》《天下》以及各种学术刊物等。

图书馆里的学生没有大陆图书馆那么多，以后发现台湾学生不怎么爱去图书馆，不过快考试前就"人满为患"了，但平常占座位现象较少见。图书馆通常都很安静，说话的人很少，老师们也很守秩序。

图书馆放置有爱心伞，下雨天只要登记一下就可以借走，到时候还回来就可以了。对研究生优待的是有专门设置的小房间，只要当天领一张卡就可以使用一天，没人打扰。图书馆有一项服务，中原大学与台湾大学、政治大学、中央大学等多所岛内院校之间开通了馆际互借业务，持互借图书证可以前往这些大学的图书馆办理借书服务，我曾持互借证到台大和中大借书，这样找资料就方便多了。另外，图书馆也对社会人士开放一些使用功能。

文娱活动

比较而言，大陆学生好学习，台湾学生爱文娱。在开学不久的 9 月 17 日，学校为新生举办了迎新晚会，迎新晚会与内地大学有点不同，大

迎新晚会上的安心亚

少数民族学生在校园内载歌载舞

陆的迎新以学生为主体，而这边是以明星为舞台主角。虽然不是什么超级大腕，但至少在台湾也算小有名气。在晚会开始前几天，学生会就已经在 facebook 上发了通知，门票是免费领取，但数量有限。

那天晚会还没开始，外面的学生早已排起了长队。整个礼堂坐得满满的，气氛很热烈，每人手拿一支荧光棒，像开演唱会似的。主持人是鲶鱼哥，艺人八三夭乐团、安心亚、沈玉琳、徐佳莹等轮番表演。火辣、性感的安心亚在台上又唱又跳，引发男生们的阵阵欢呼，她居然还在台上脱起了衣服，男生们差点要"暴动"了，当然人家有适可而止了，只是 high 一下气氛而已。而沈玉琳那首《我要找名人》唱得特快，那老兄不停地唱"名人、名人……"差点把全场笑翻了，整场晚会就数他人气高。在校老生说这种明星晚会学校每年都会举办，其他学校好像也有类似的活动。

中原大学同学通知活动的方式很特别，中午放学时候，有一"带头大哥"手拿扩声器在前头高喊口号，后面一群背着书包的同学跟着一边

你在下面跑，我在上面跳（中原大学运动会现场）

走一边喊，挺有意思的，初来乍到还以为他们在游行抗议。

这一学期学校也举行了校运动会，运动会的加油方式很有意思，各院系的学生不是坐在固定位置上高喊"加油"，而是在各自划定的地方搭台唱歌、跳舞、玩游戏，以这种特别的方式来助威，俨然一个大 party。

中原大学还有一大特色就是社团文化特丰富，多到不可想象。在我们刚开学那几天，学生会就举办了社团博览会，有百十社团摆摊招新，有的社团还办得有声有色。

以前老觉得台湾为什么会出那么多的明星，来台湾后才解开了这个谜底，那就是他们根基广博深厚，很多人小时候都会选择一门才艺学习。在我们研究室外的空地上每天晚上都有人放歌跳舞（有一段时间一直放的是神曲《小苹果》），不畏寒暑，不空假期，直到晚上十一二点。常看到舞友们在地上滚来滚去，露胳膊露腿的，搞得我们在里面无法学习。听同学说以前有人向学校反映过，不过无济于事，大家还是热情依旧，坚着又执着。我们研究室外面这个还是小菜一碟，更恐怖的是社团办公室集中的活动中心大楼。大楼下面是麦当劳、食堂和 7-ELEVEN 店，上面都是社团的办公室。经常路过此地会看到他们在那里黑压压地跳舞、耍拳，举办音乐会等，那个吉他歌会每周都有。这一学期，学校还举行过美食周、放电影之类的活动。一句话，文娱活动非常多。

宗教大学

1949 年前，大陆有很多著名的宗教大学，如燕京大学、金陵大学、辅仁大学、东吴大学……1949 年后这些宗教学校要么被撤，要么被合并。国民党退到台湾后，有些在台"复校"，像辅仁、东吴。台湾是一个宗教自由的社会，什么教都有。伴随着宗教自由化和教育普及化，台湾的宗教大学也雨后春笋般地兴起，除过上述两个老牌的宗教大学，还有东海大学、佛光大学、慈济大学、玄奘大学……这些宗教大学的性质一般都属于私立院校，但是个别宗教大学的教育水平表现不俗，某些科系甚至在全台湾也位居前列。

中原是一所宗教大学

中原大学是一所私立的基督教大学，带着对"宗教大学"的新奇，我也留意几番。学校门口的墙壁上刻有中原大学的校徽，校徽中间就是一个"十"字架，旁边挡车的升降杆上挂着"上帝赐您平安"的黄布条，初次看到还是略微有点特别的感觉。学校的操场上树立了一个高高的十字架，到了晚上会开启灯光，黑暗的夜空，显得格外吸眼。校园内还有一个教堂，听说每周有礼拜活动。学校在院系设置上也有一个宗教研究所。

因为是宗教大学，所以宗教活动还是有的。在陆生欢迎会上，张校长在活动结束的时候说："感谢上帝，感谢主。"有次，学院召开境外生（含陆生）座谈会暨餐叙活动会，中午举办方准备了午餐，开饭前，主持会议的老师们先祷告了一番，再动碗筷。学校特别重视圣诞节，会放一天假。在圣诞节快来临之前，校门口就架起了大型圣诞树，挂上了彩灯，持续了好长时间，很多学生和附近居民晚上来此合影拍照。

以前对宗教大学很好奇，来了以后发现有很多其实跟我以前想的不太一样，平时课堂上老师们很少讲宗教的东西，即使老师也有宗教信仰，也不会给学生灌输宗教学说。后来，跟在别的宗教大学读过书的台湾同学交流，他们说台湾的宗教大学一般都不会强制学生参加宗教活动，或歧视信仰他教和无宗教信仰的学生。因为我不信教，对宗教也没兴趣，也不参加宗教活动，所以具体的宗教情况就不是很了解了。

中原夜市

都说台湾是美食王国，台湾人确实爱吃。台湾的夜市闻名遐迩，像台北的士林夜市、高雄的六合夜市、台中的逢甲夜市等，各县市都有自己的夜市场所，甚至市镇也有。有的是以路段命名的，像台北的宁夏夜市所在地就是宁夏路；有的是以所在附近学校冠名的，像逢甲夜市旁边是逢甲大学，中原夜市则是以中原大学为中心兴起的。

中原夜市在台湾名气挺大的，这不是浪得虚名，实乃名至实归。傍

热闹的中原夜市

晚时分，上班族卸下一天的疲惫，学生放学归来，青年结伴出行，此时的夜市人行人潮，交通拥挤，越是拥挤说明生意越好。中原夜市主要是两条相交叉的道路，一到晚上，路边的小摊贩，一个挨一个，各式各样的油炸、汤包、烙饼、饮料……夜市不光是卖食物的小摊贩，还有开门面的服装店、便利店、餐饮店等等。

夜市十字中心有家御冠园鲜肉汤泡店，可以说小有名气了，第一次到夜市，台湾同学就首推此店，果然名不虚传，队伍排的很长。台湾的店家有个爱好，就是喜欢上娱乐节目，店家也往往会贴上上节目的图片，有的店家甚至贴得满满的，以此来招揽生意。御冠园鲜肉汤泡店也是，上的是综艺大哥吴宗宪的节目。汤包是肉馅的，但不油腻，一盒是5个，开始卖新台币50元（1元人民币约等于5元新台币），后来涨到了55元。每次从研究室回宿舍肚子饿了，就会去买一盒。

台湾人口味清淡，大陆人比较口重。我们经常光顾夜市上一家"懒锅火锅店"，这家店很吸引陆生，主要是他们的麻辣锅口味蛮像大陆的，但与大陆的麻辣锅比起来那真是小巫见大巫。台湾同学一般不选麻辣锅，如果选麻辣锅都是"微辣",陆生喜欢来大辣,他们常常惊呼陆生好能吃辣。很多开在中原大学附近的店家,对中原学生都有优惠,这家火锅店只要有中原学生证就可免新台币 10 元。

在大陆会经常看到打着"台湾奶茶"牌子的饮料店,到了台湾那一定要喝喝奶茶。在岛内喝饮料的风气很盛,所以街边路旁的饮料店很多,有茶汤会、清心、CoCo⋯⋯夜市上有几家人气旺的店,我们一般会在吃完饭后,去买一杯饮料。冬天有热的,夏天有凉的,随时有喝的。我喜欢喝珍珠奶茶,一杯新台币 60 元,如果能在看书的时候来一杯奶茶,那就妙不可言了。

开放的校园

台湾的大学基本上都是开放型校园,居民、游客可以自由进入,门卫更多是在管理进出的车辆。中原大学就更开放了,她的四周都是居民楼,而且校内还有公交车停靠点。学校中间有一条马路横穿而过,将校园一分为二,一边是教学区,另一边是操场,去操场时常需要看红绿灯。

中原的学校食堂很小,窗口不多,价格在七八十台币左右,不过买饭不需要刷学生卡,付现金即可。因为学校是开放的,所以食堂也是开放的。学生基本上都是在外面就餐,学校周边以中原学生为主顾客的便当店,基本上是台币 65 元上下,而距离学校不远的中原夜市街上的牛肉面一碗需 100 元新台币。

平常在校内散步、聊天、锻炼、遛狗的居民很多,这里俨然已经成为他们生活的一部分。在我从宿舍去教室的路上经常会碰到坐在大榕树下连椅上的三位老人,有一次,与其中一老伯伯聊天,原来他是一位老兵,老家在福建,年少的时候被国民党在大街上抓兵绑到了军营,走的时候家里人都不知道。1949 年国民党退居台湾,一家人隔海相望。两岸开放后,他回到了故乡,家里已经没有人了,他走得时候年龄小,记忆清晰的东西不多了。他说他恨国民党,可是他支持两岸统一。每次去教

校园一角

室看到那位坐在连椅上的老人，落日的余晖洒照在那茂密而又沧桑的榕树上，放佛历史的轮回又转到了眼前……

　　还有一次，吃完午饭，我们坐在暖洋洋的操场上，几个顽童在草坪上追逐，一位大姐带着两个小孩子玩游戏。大姐告诉我们她是一位台商，在大陆工作有近十年的光阴了，昆山、苏州、上海都上过班，两个孩子都是在大陆出生的，孩子以前是在大陆的台商子女学校上学，现在回到台湾上学。她说大陆这几年发展太快了，台湾几乎没有什么变化。她去过大陆好多地方，都很漂亮！问她大陆和台湾的优缺点时，她很直接地说，大陆有大陆的缺点和优点，台湾也有自己的不足和长处，那里都有好人，那里都有坏人。台湾人批评大陆人没素质，说话大声、爱吵架，可是你真的在大陆待的时间久了，就知道其实那是一种生活习惯，有时候并不是故意针对对方的。她又说，台湾人没缺点吗，当然也有，很多台商在大陆"包二奶"，欺负人家女孩子。她认识很多嫁到台湾的大陆新娘，她们都很漂亮也很勤劳。我问她喜欢住在哪边，她说大陆、台湾她都很喜欢，因为两边她都生活久了。

中原是一所开放的大学，在这里进进出出的人们把自己融入到了校园，大学也把自己融入到了社会。大学来源于社会，也服务于社会，这大概就是大学的真谛吧。

无尾的末言

这就是我在台湾一学期的校园生活，即平淡又特别。平淡的是在于我几乎都在学校，没有走入寻常百姓家深入地了解这个社会。特别的是我遇到的事、看到的人都是在一个不同的社会环境下发生的，一切都是那么的熟悉，那么的简单，那么的不曾设想到。我看到了长，也见识了短。我看到了同，也体会到了不同。虽然只有短短的五个月时光，可是注定这将是漫漫长途路上一道别样的历程……

（本文原载《统一论坛》2015 年 03 期，原名《我的台湾校园生活》，文章内容有改动。）

第五章　大陆学生眼中的台湾

本章共有三篇文章，第三篇是我个人叙述，第一、二篇是我邀请两位在台大陆交换生，来述说各自心中的台湾，文章采用对话的形式。

第一节　互赠"旗子"

长孙：你们在云林县生活得怎么样？

小林：我在云林科技大学（简称：云科大）交换，是大二学生，我们校址在云林县斗六市。云林是农业县，台湾人眼中的乡下，娱乐设施

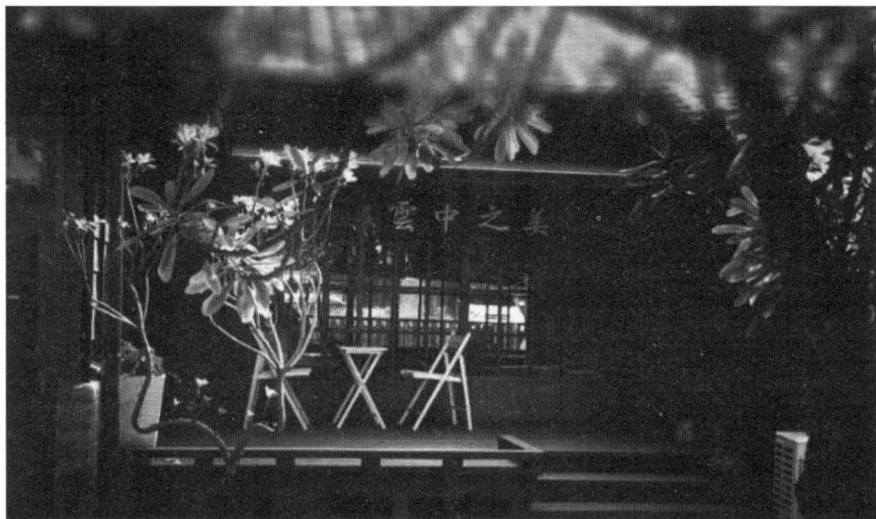

云林故事馆（此图片由小林提供）

比较少，没有什么大的商场，只有家乐福，购物比较麻烦。我们只能去最近的台中市，隔壁嘉义县跟云林水平差不多，台南节奏比较慢，台北和高雄距离又远。

长孙：对台湾最大的感受是什么？

小林：一是，台湾生活没有太大的压力，竞争力相对大陆较小，台湾同学学习的进取心比不了大陆学生。二是，台湾贫富差异小，城乡差距不会太大。三是，台湾人的热情。比如在大陆向陌生人问路会有冷漠感，尽管别人也会告诉你，但在台湾他可能会更进一步，甚至把你送过去。我们学校附近的人，对陆生都特别热情，毕竟我们是消费者。可是台湾同学也提醒我不要因学校附近的人而联想全台湾人都是这样的，让我们注意点。

长孙：嗯。你们学校情况咋样？

小林：学校的要求跟大陆不一样，在云科大学习还蛮轻松的。云科大老师90%拥有欧美的留学背景，老师英文好、水平也高，拥有蛮不错的教育资源，是大陆很多高校所不及的。不过专业课是中英文双语讲授，专业术语都是用英语表述，课本和考题也是英文的。刚去的时候有点不习惯，还好大家英文水平都差不多。我读的专业是机械，但是在云科大没有学到预期想要的那么多知识，倒是体验了台湾丰富的人文生活。如果单是从专业的角度考虑，我不推荐我们专业的同学去台湾学习，因为台湾授课内容的难度比起大陆来说要简单很多，打个比方吧，我在台湾学的电工仅比我在高中时学到的稍微高那么一点，唯一给我的难度可能就是英文了，但是考核大家都能过。如果想了解台湾人文环境的同学倒是可以考虑。

长孙：台湾高校老师的海外留学背景很强，学历也高，这个我也有发现。

另外，作为不同的社会环境成长起来的青年人，我想你一定看到了以前未曾相见过的事物？

小林：云科大最好的专业是设计，在世界上也蛮有名气的。我有同行的朋友是设计专业的，她说自己在大陆时没有学到什么东西，但是在台湾却收获颇丰，和大三、大四的学长学姐一起上课，使她的思维开拓了不少，如果能多报几门课一定收获更多。回到大陆后，她跟大陆老师谈了自己的诸多想法，老师也觉得她确实变化很大。另外，台湾同学不怎么去图书馆，学校的图书馆有9层，很大一部分都是陆生，台湾同学大多会在考试前一周去冲刺一下。他们平时都在活动中心搞社团活动，晚上整栋楼灯火通亮，各个社团有各自的集社时间。我很喜欢他们的校庆活动，全是学生自己搞起来的，老师没任何参与。设计系的学生摆摊展示自己设计的作品，各个社团组织卖起了各种自制的美食。要是在大陆的话，我想学生很难独立完成这些工作。

还有一个不同，我想你一定也在中原大学参加过师生聚吧？

长孙：有。期末了，各专业课老师会安排和学生聚餐，中间的时候老师也会请学生吃饭。

小林：对啊，我跟我大陆的老师聊过这个话题，我们辅导员是院学工办主任，她向我询问台湾的师生关系，我就跟她实话实说，她说她恐怕做不到，她每天要处理回家带孩子之类的生活琐事，使她没有时间对各个学生了如指掌。台湾的导师对自己所带学生的情况非常了解，他们把学生当朋友来看待，但是在大陆可能就不是这样了。这大概与老师的心态有关系，台湾的老师年龄不管有多大，心态都很年轻。在教学方面，台湾老师讲课比较灵活、生动，课堂气氛也自由，学生想怎么着就怎么着，不会管得太严。大陆呢，老师比较严肃一些，不能吃东西，不能讲话，不能……台湾老师在上面讲课，学生在下面吃早点，老师还让学生慢慢吃。

　　长孙：这个我深有体会，台湾老师心态确实比较年轻，尽管他们或许上了年纪。我有个老师70多岁了，每天还系一个红围巾，把自己打扮得像个年轻人。还有一个老师，玩LINE（台湾最流行的聊天软件）比我还会娴熟，起初我还以为他没有LINE。

　　现在，你觉得台湾学生跟大陆学生有什么不同？

　　小林：大多数台湾同学对陆生很友好，但也有少数例外。我们在云林县，云林是泛绿的地区，在"九合一"选举前，我问过他们会投谁？大多数选民进党。我们班也做过调查，总共30多个同学，百分之八十支持绿营。所以大家尽量不谈政治，因为观念不同，一谈政治稳吵。举个例子吧，有个台湾男生喜欢一个大陆女生，他家是高雄的，深绿出身，他经常带她骑车出去玩，两人关系很好，但是一谈到政治准吵起来。男生说，台湾是一个"国家"。女生说："台湾是中国的一部分。"最离谱的是，有一天那个男生送了这个女生一面"青天白日旗"，女生不甘示弱，回赠了他一面五星红旗，你说是不是很逗。

　　长孙：他们对大陆哪方面谈论的比较多？

　　小林：一个是大陆人的素质；另一个是大陆人比较勤奋。台湾人对大陆游客大批量的涌入是比较担忧的，根本原因是两岸的不了解。他们通过媒体了解的大陆都是很负面的新闻，会觉得大陆人比较穷，没素质，台湾为什么要归属于落后于自己的大陆？

　　还有，很多人会问大陆很大，出去玩需要几天。火车是经常被问起的话题，问坐几天几夜的那种火车，你们是怎么坐的（台湾没有卧铺火车）？

　　长孙：在台湾呆了一学期，你觉得台湾有什么优势？

小林：一个是台湾的"人"，这个值得我们大陆好好学习的。另一个是古典文化的传承，尤其是繁体字和儒家文化。有一次坐火车，列车员知道我来自大陆，就跟我讨论起是否该使用繁体字的问题，最后我们得出平衡的结论：不应该抛弃繁体字，但应做到用简识繁。

还有一次，在台北地铁上，我听见两个台湾高中生在聊两岸高中教育的差异。其中一个认为大陆学生学习刻苦值得学习，另一方觉得陆生都不会写繁体字，还谈什么来台湾学习。话不是完全没有道理，我们去台湾之前，虽然认识一些繁体字，但不是所有都认识，去了一学期才差不多没有阅读障碍了，但是要让我们书写还是挺困难的。

长孙：现在两岸交流日益纵深，其实台湾人也开始学习简体字了，比如台湾同学做研究的时候也有在浏览、引用大陆的文献，跟我们相反，他们也识简体字，但不会写。

OK，我们进入另一个话题，那你觉得台湾有什么不足呢？

小林：一是台湾的民主。台湾人把民主当作自己的优势，但我觉得台湾的民主只浮于表面，没有深入到骨髓，跟国外真正民主的国家不太一样。就说马英九吧，他不适合当一个领导人，但他为人挺正直的，有书生气，做一名老师可能会不错（马英九曾在台湾政治大学任教）。这几年台湾用民主（投票）的方式选举领导人，却没有选出几个很优秀的。他们一直批判大陆不民主，可是我们的领导人不是比他们的领导人优秀很多吗？

另一个，虽然两岸都是中国人，但是在意识上表现迥异。按理说台湾人也应该勤奋一点，好像不是，不过全世界估计也没有几个比大陆人更努力的了。台湾人的思维过于狭隘，有局限性，可能因为"岛国心态"，视野没有那么开阔。虽然他们也有人走到国外，但可能只是一部分，大部分留在岛上的人可能就不怎么了解外面的世界了。

还有一个，我不知道是优点还是缺点，就是他们很哈日。他们很多的建筑是日式风格的，饮食也是。我住校外，我跟我们宿舍的门卫大哥（四、五十岁左右）聊过，他很喜欢日本，觉得日本各个方面很发达，很优越，高高在上，对大陆就不怎么了解了。我认识一位硕士毕业的学姐很喜欢大陆，打算到大陆发展，可她的同学都很费解，用不屑的眼光问她为什么要去大陆，她的同学要么是去欧美、日本，要么留在台湾。

长孙：关于台湾现行制度，有时候台湾人也充满了无奈与疑惑。他们有时也很羡慕大陆的行政效率、政绩以及社会的团结。

你住在南部，应该也有到过北部，你感觉台湾南北有差异吗？

小林：我个人觉得北部比较开放一点，我对南部有一点抵触，在有些地方你会明显感觉到他们对大陆人不一样，如果在公共场合你表现太张扬，他们态度可能就会起变化，在台北就好很多了，那里包容性较强。

长孙：你去过高雄吗？

小林：去过两次，一次是听陈绮贞的演唱会，一次是特地去玩儿。一直对这个城市有特殊的感情，当年令我着迷的台剧《痞子英雄》就取

港口城市高雄，远处为 85 大楼

台南有着众多的古迹和美食（图为台南孔庙）

景于此，又在这座城市第一次亲身观看女神的演唱会，高雄注定是个让我难忘的城市。

　　长孙：你最喜欢台湾哪个城市？

　　小林：台南，她应该是台湾最有文化底蕴的城市了，都说"府城"嘛，古迹多，小吃多。我喜欢台南那种慢悠悠的生活节奏。我自己构想，以后老了和另一半住在台南，出门随便到一家不起眼的小店都能吃到美食，感觉这里特适合老人生活。

　　长孙：在旅游途中，有没有记忆犹新的故事？

　　小林：有，不过说起来挺丢人的，但却是很刺激的事，是我和室友坐台铁逃票。那次我俩去台北，买的是 TR-PASS 五日票，有车次限制。由于当天回去时间已晚，没有直接到斗六的车了，必须先坐一班快车到桃园下车，再换慢车回来，但我们又不想花钱再额外买快车的票，想着反正我们的票可以进站，就打算逃票坐个快车。到了桃园看检票员没有检票，我们就继续往前坐了，心想坐得越远越好。晚上人特别多，没有座位，我们站在过道。离台中还有两三站的时候，检票员过来了，这时火车也马上要停站了，刚好检票员查到了我们，如果他晚来一点，车门一开我们就可以出去了。他问我们有票吗？我们说没有。他问我们在哪一站上的，让我们补票，我们说了最近的一个车站。他问在哪里下，我们说就这一站，我们补了几块钱的票就下车了。可是我们不能停在这里，这种小站已经再没有南下的车了，我们就趁着列车员不注意往火车后车厢跑，又跳上了车，发现后面有位子我们就坐了下来。可是那时心里好忐忑啊，心想万一他查过来，那就尴尬死了，心里一直念道赶紧到台中，赶紧到台中……我们一直盯着车门，还好他没有再过来……以后再也不逃票了。

长孙：你现在大二了，如果有机会，会考虑去台湾读研究生吗？

小林：不会吧，主要原因是我回来后换专业了。我去的时候是机械专业，现在换成了工业工程。我跟我台湾的老师交流过这个专业，在国外比较兴盛，可在台湾和大陆算是新兴的专业，起跑线都差不多，而且我现在大陆的老师水平都很不错，所以没有必要再过去读研。

长孙：这次交换之旅应该是你第一次去台湾，还想再去吗？

小林：当然想啦，会回去找自己的老师、同学。虽然全台的每个城市我都去了，但是很多景点有遗漏，想补回来。

长孙：希望你可以早日实现你的愿望，谢谢你跟我分享这么有趣的故事。

小林：希望对你有帮助。

第二节　中华文明衰落后的大动荡

长孙：你对台湾的了解是从什么时候开始的？

小严：我来台湾之前对台湾的了解很有限，中央电视台的"海峡两岸"节目有看过，但是主要的还是通过历史教材。因为9月份要来台湾了，4月份我就买了两本跟台湾有关的书籍：一本是廖信忠的《台湾这些年所知道的祖国》，另一本是骆芬美的《被误解的台湾史》。这两本书对我的触动挺大的，我当时的感受就是从1949年起台湾跟大陆其实经历着类似的坎坷，同样也不容易。

长孙：抵台以前，对台湾是什么印象？

小严：以前我们常说"宝岛台湾"，阿里山啊、日月潭啊，好漂亮；第二个是台商，因为招商引资嘛，我的家乡武汉有一个吴家山台商投资区。另外，对台湾人和香港人分不清，只知道警匪片、夜总会、流行歌曲等等都是从台湾、香港来的。政治方面，觉得"立法院"整天鸡飞狗跳地打架。我是学法律的，觉得台湾地区的"法律"挺先进的，我们经常学习台湾的一些法学理论。前几年有些同学喜欢看台湾的娱乐节目《康熙来了》，我也瞄过两眼，但没有什么兴趣，甚至还有些反感。我来台湾的时候，有同学建议我去节目现场看一下，她说《康熙来了》代表着台湾的主流价值观，我就很好奇，一个娱乐节目怎么就能代表台湾主流价值观呢？我来了之后更是觉得它不能代表台湾的主流价值。还有一个是家庭方面，我曾祖父一辈有兄弟六人，听说其中有两人来台湾了，后来又说没有到台湾，我不知道该怎么找。最新的最深刻的印象主要还是那两本书带给我的。

长孙：来台湾以后，感觉变化大吗？

小严：来了以后跟以前的感受是不一样的。来了也没有很兴奋，也没有觉得小吃多么好，旅游其实也就那样子，吃喝玩乐方面没有太多惊喜。但明显感觉台湾社会很有秩序，台湾民众让人感到亲近舒服，比较让人有信任感。以前觉得台湾的政治很乱，现在发现它不乱。因为有一些基本的价值观念，大家都不敢去触碰或逾越。台湾年轻人喜欢喊口号，民主、自由、人权，虽然他们并不一定懂这些理念，但他就相信这个，根深蒂固的，没人敢触碰。他们以这个名义，站在道德制高点上去骂"教育部"、去冲击"立法院"，你也没办法说他们什么，这是主流价值观，年轻人认同这个，老年人也认同这个。有这个东西在，台湾社会不会太乱。实质上，任何在台湾玩政治的只有遵守这个理念才能进行下去，至于两党之间怎么搞是其次的。

长孙：好像不是，以前台湾的社会运动会强调"和平非暴力"，而"太阳花学运"以后的抗议运动，现在网民留言会鼓吹说，赶紧占领政府机关啊，反正也没事。

小严：台湾"九合一"选举是真民主，台湾也的确是个自由的社会，由民主保障自由，这是没有什么疑问的。但是现行的"民主"是不是最适合台湾？台湾的"自由"是不是真的很自由？这两个问题是值得讨论的。代议制、政党政治都是民主制的必然产物，但是台式民主下的代议制与政党政治不是正常状态。最主要的是台湾不是正常的"国家"形态，这导致其两党制不是讨论"国家"的政策与人民的生计，而是绑架着"台独"这个严重分裂社会的大流弊，致使社会空转，族群对立。而选举往往又具有很强的意识形态色彩，由于这种牢固的思想倾向，人们也很难表达出真正的自由，在台湾有一句很流行的话叫：只看蓝绿，不问是非。再有，你敢在街上大声表明你的政治立场么？除了政客，一般人是不敢的。而且，一旦这个政党上台，必然大规模压制另一个政党，自由往往在无形中受到侵蚀。所以，从形式上看，台湾是真正的民主自由社会，但是有很大的问题，它不是正常的状态。

　　长孙：在西方社会有句名言，就是伏尔泰的那句"虽然我不同意你的观点，但我誓死捍卫你说话的权利"。在台湾这个"民主"社会到底是不是每个人都有表达自己观点的权利和自由？当然我觉得只要有足够的勇气就可以讲出来，但问题是表达了以后会怎么样？在岛内有的人是支持"统一"，承认是"中国人"的，但不敢公开讲，只能私下说，害怕被攻击。有台湾同学曾告诉我，他在自己的脸书上发文支持"统一"，结果被"群殴"，打得满头是包，吓得再也不敢公开亮自己的立场了。这个现象是不是具有反证性呢，我觉得有一定的代表性。

　　那你怎么看"太阳花学运"期间，学生占领"立法院"和"行政院"，并且还形成了一个声势浩大的浪潮呢？

　　小严：我们现在说"法治"，"法治"是指"依法而治"，"法制"是指法律制度，这才是反映社会制度的文明程度。"太阳花学运"从法律上看，占领"立法院"和"行政院"肯定是违法的，这毫无疑问，并且这已经不是简单的法律允许范围之内的抗议示威了。但是在西方有一个"公民抗命"理论，认为国家的法律为恶法的时候，公民可以不遵守。在香港"占中"的时候被很多人提出，但是法律界已经否定香港符合"公民抗命"的条件。"太阳花学运"更是不符合，因为一切都是按照法定程序进行的，如果认为有"黑箱操作"就攻占"立法院"和"行政院"，岂不是天下大乱？

　　台湾是个法治社会是基本成立的，但近年来，由于政党恶斗导致很多年轻人越来越不宽容、不理性了，法治的信念受到极大的冲击。我对台湾的法治是表示担忧的，因为它的法治和民主一样，是没有根的。什么是根？"国家"的根，社会核心价值的根。

长孙：你是学法律的，你觉得台湾社会法治的程度如何？

小严：大陆法学科班出身的，没有人不知道台湾的王泽鉴教授，他写了一套民法的书，有八本，我们称之为"天龙八部"。他的书很火，所以以他为标杆，我们觉得台湾法学很发达。还有现任的"司法院副院长"苏永钦教授，在大陆也比较有影响力。台湾做法律史的人少，但是做得很扎实。大陆法律史学者至少有两三百人吧，台湾真的以法律史为领域的不超过 10 个人，但他们出一本著作就是一本精品。

另外，台湾"法律"非常严、非常精细。像我们大陆没有针对妇女、少年儿童权益保护的具有很强操作性的法律。但台湾不一样，从机构的设置上来说有家事法庭、少年法庭，还有一系列保护妇女、孩童的相关规定，规定十分详细，甚至现在家长都不敢打孩子。以前跟法学院的老师交流过，他说台湾的法治是没有问题的，法律很严，任何人犯法可能都会受到处罚，像陈水扁是"总统"又怎么样，照样被起诉，一样蹲大牢。

长孙：以前我们提到台湾都会讲"亚洲四小龙"，要么就是台商投资设厂，感觉这里是一个非常富有之地，现在呢？

小严：经济上，对我触击最大的是小商品市场，就像中坜这种三线城市，不管是在中原夜市，还是中坜的 SOGO，会发现小商品特别丰富，一个不起眼的小店可能会买到你在大商场买不到的好东西。各夜市、市场很自由，消费也很旺盛，就连卖一种水果，也能摆个摊子，也没见城管来找茬儿，警察也不来，很自由。大家在夜市敢吃敢喝，虽然台湾夜市的卫生条件并不一定比大陆好，就连看起来很有钱的台湾人，也会去吃很便宜的夜市食物。

说到小商品丰富，我想到中原夜市里一个叫由申甲的文化商品店，这个店开了有三四十年，在大陆我没见过这么大的文化商品店，北京上海都没有见过，能买到你在大陆文具店想都想不到的产品。这个商店有七层楼，商品真是丰富，光是复印纸就有 A3、A4、A5、B3 、B4、B5

等等，虽然它的商品很多都是 Made in China，但是也有很多进口韩国或日本的，种类很丰富。每次去，我都会想，这么多能卖完吗？按照市场规则，要是没有市场它是不会进这么多货的。所以，可以推想，台湾经济的潜力还是有的，消费能力还是很强的，老百姓还是很有钱的，别看有的人穿的很旧，他该花钱的时候还是能拿出钱来。

但是，从大的方面来说，台湾经济的局限性也非常明显，毕竟只有2300万人，很多东西都依赖出口和进口。他们自己也说经济十几年没有发展了，我觉得也是。有人说一个城市的天际线建成以后，这个城市就开始衰落了，2004年台北101大楼建成以后十几年台湾就没有大涨过工资。我觉得台湾的经济必须依靠大陆和对外的发展，不然就"画地为牢"了。台湾人才有竞争力吗？我不觉得。我去过台湾多所大学，跟他们的学生接触，不觉得他们水平比大陆学生高。人才没有竞争力、资源没有竞争力、产业政策没有竞争力，还有两党的恶性斗争，政党背后都有财团的支持，一个政党上台肯定要支持特定财团，另一方产业就会受到挤压，不可能形成好的产业政策。

长孙：文化是当下非常流行的话题，以前大家都说中华文化在台湾，大陆早年的流行文化也都是从台湾飘过来的，我相信台湾文化对你也一定触动良多。

小严：在我老师那一辈人眼里，他们觉得大陆经过了"文革"的冲击，而台湾没有，所以台湾的中华文化保存很完整。像钱穆、徐复观、牟宗三他们这些新儒家还在继续传道，儒家文化的种子被带到了台湾，他们把儒家文化传到海外，现在又由海外传回到大陆。大陆在搞"文化大革命"的时候，台湾在力推"中华文化复兴运动"。

以前觉得台湾的中华文化应该很不错，其实过来一看，这已经成为历史了。现在中华文化只能由大陆来代表，台湾代表不了了。从台湾开始改教科书起，就不能代表中华文化了，它的价值认同已经建立在对

"台湾"的认同之上,而不是"中华"的认同上面了,许多80后青年对大陆省份都搞不清楚,对许多大陆文化也不了解。他们对大陆情况的了解受到各种环境的影响,有的甚至对大陆比较排斥。虽然现在台湾文化骨子里面中华文化还占主流,但是年轻一辈受日本、欧美的影响颇巨,特别是日本。现在有的青年人不去了解大陆,反而亲近日本,喜欢和式风格的屋舍,和风的音乐,他们说话的方式越来越偏向"非中华"了。

台湾文化只能算中华文化的亚文化,是一种地域性文化。在台北,大家都讲"国语",但在南部大家说闽南语。台湾地域小,没有大陆那种"大一统"的恢宏气势,它的文化发展还受到一种萌系文化的影响,各种涂鸦、各种卡通随处可见,他们更关注小世界、小生活、小心情,追求小确幸(注:小确幸,意思是"微小而确实的幸福",源自村上春树的作品《兰格汉斯岛的午后》)。所以台湾不能代表中华文化的走向,只能作为中华文化的一种分支形态继续发展。虽然台湾保存着众多中华文化的

涂鸦文化在台湾颇为常见

物质形态，如台北故宫博物院、孔庙等，但是将来中华文化的大发展不可能在这里了。不过，老一辈文化界的代表，像龙应台、蒋勋他们中华文化底子都很厚。

长孙：造成这种现象的原因之一，可能就是两代人的社会环境不同了。

台湾虽小，却也多姿多样，台湾社会还有什么让你深有感触的？

小严：宗教方面嘛，台湾的宗教是"百花齐放"，什么都当神来崇拜、来相信，台湾同学也会很好奇大陆人的无神论。台湾宗教多，而且各教之下又分很多教派，像佛教就有佛光山、慈济、中台禅寺、法鼓山……还有在大陆消失的一贯道，台湾庙宇的密度堪称全球首冠（注：台湾也有像孙悟空庙、猪八戒庙、孙中山庙、蒋介石庙这种很少见的庙宇）。宗教这一块，虽然有的台湾人没有明确的信仰，但是都能发现他们与宗教的关系，隐隐约约地也可以摸到他的信仰轨迹。年轻人，西化程

台湾宗教众多（图为花莲的慈济）

度高的，接受基督教就比较多，一般年长的可能还是佛教和道教，特别是佛教。实际上，宗教在台湾的作用主要还是积极的、正面的。

长孙：有人说台湾年轻人他们只关心 3.6 万平方公里的台湾岛，乐天、无忧、自傲，对于岛外的世界他们没有心情去放眼欣赏和观察，你怎么看？

小严：不管它叫"台湾"或"中华民国"，现在都不能代表中国了，它越来越具有地域性，不再是具有世界地位的政治体了。自"青天白日旗"在 1949 年的南京被降下来以后它就已经不是了，它现在还想是，但不可能是了。因为它经济的实力与大陆形成强烈比对，大陆越提升，台湾的局限性就越明显。虽然台湾的发展比大陆早二三十年，但大陆有后发优势，很多方面比台湾还发达。台湾也没有发展到发达国家的水平，台湾还有很大的扩展空间。"小国寡民"或"岛民心态"造就台湾人没有很大的竞争力，而大陆每个阶层的人都拼尽全力力争上游，但台湾社会不可能。

台湾就这么大一点，还有很鲜明的地域性，南北部、东西部的差异蛮大的，像悠游卡（注：悠游卡是集乘车、购物多功能于一体的卡片，主要适用于台湾北部），居然有的地方还不能用，需要另外买票。台湾某些地方也没有像外界所说的那么干净卫生，也有乱丢垃圾的。台北跨年那天晚，我就看到有很多年轻人三五成群地坐在地上抽烟，周围丢了很多垃圾。有人曾跟我说台湾没有乞丐，但是我每天从中坜火车站的地下通道经过，发现算命的、乞讨的也不少。

其实经济发达的地方不见得人的素质就高，欠发达的地方也不见得人的素质就低。我来台湾这一学期，最大的感受是，经济是社会发展的根本性决定因素。像大陆农村 30 年前，哪里有那种冲水的卫生间，农村都是把马桶或夜壶放在房间里。但是现在很少有人用这种马桶了，那是因为经济起来了，大家有钱把房子装修得很好。农村四周都是土地，吐在泥土地上也不算很脏嘛，但一进入城市，街道都是地砖，自然就不能随便吐痰，也就逐渐没有这个习惯了。所以，经济是个基本要素，农村生活水平提高了，家里砌了地砖、地板，还会随地吐痰吗？

长孙：你是指台湾人经常批评大陆人没素质，如上厕所不关门、买东西不排队、讲话声音大，是因为大陆的经济没有达到一个高的水准，所以最主要原因还是经济问题？

小严：不是说我们的经济没有达到高的水平，而是说整个人类历史从来都是由落后到发达的变化过程，因为我们是从现代看过去，它不是一开始就很文明。德国学者诺贝特·埃利亚斯写了一本书叫《文明的进程》，里面有讲到以前欧洲贵族在餐桌上还是会用手吃饭，直到17、18世纪刀叉礼仪才逐渐建立起来，之前都是"野蛮人"。台湾如果老拿大陆人素质低说事，说明他们自己素质也没有高到那里去，表明他们不会再有很大的进步了。

长孙：对，所谓的文明或仪礼有它的时代性和阶段性，是一个不断变化发展的过程，有它的不可跳跃性，大陆正处于这个转折期，而台湾则已步入了后工业化时代。就像不同起跑线的台湾与日本一样，日本游客会批评台湾环境脏，但台湾现在的垃圾不落地要比以前进步许多，这就是横向与纵向的角度，就看你的视野了。当然，我们也必须承认自身的问题，新发展，新适应，毕竟现在是地球村的时代了。

小严：人习惯的改变是需要一个过程的。你说在农村土地里随便吐痰，这跟卫生没太大关系，你在城市地砖、地板上吐痰当然脏啊，那是生存形态的问题，跟人素质没有绝对的关系。之前老有报道说大陆小孩在公共场合小便，小孩子嘛，那么小，没有成人那么强的控制能力，又不是大人教唆去撒的。中国人常讲"童言无忌"，如果小孩子在言语上触犯了一个老人，又何必跟他斤斤计较了。然而这些现象一旦被发现，台湾媒体的批评声就铺天盖地而来。

长孙：是的，台湾新闻媒体在报道大陆时确实存在很大的偏颇。

现在，我们来谈一下"人"，人是社会的主体和灵魂，怎么看"台湾人"？

小严：台湾人的时代性差异很大，因为所处的历史阶段不同，所以具有不同的历史观。如果今天一个八九十岁的老人说他现在很幸福，很满足，比当年生活好多了，我想这是毫无疑义的。但是五六十岁的老人呢，他们的中年是台湾经济的起飞阶段，他们走到现在很骄傲，但是同时也看到了台湾的问题。但二三十岁的人呢，他们已经与他们父辈不同了，在他们身上已经没有中国、中华了，自己过自己的生活。年轻的一代，更是以自我为中心，不太愿意去吃苦，去用功。至于人嘛，不管是哪里的人，都有一些人性的弱点。很多人会说台湾人很热情，但这不是绝对的。一些小商人，别看他很客气，其实他并不是真正对你客气。我经常去一家餐馆吃饭，老板娘一直很热情，有一天问我要不要喝一种汤，我说不需要，之后她就不高兴了。我不喜欢吃甜的，但不知道她会不高兴，以后见到我就没有以前那么热情了。

长孙：新一代的台湾年轻人多是出生成长于李登辉、陈水扁当政时期，以1988年李登辉上台为界限，他们与我们年龄相差无几，但是他们与上辈人的差异非常明显。

小严：台湾20多岁的年轻人已经没有很明确的"国家"观念了，而且也没有很开阔的国际视野，更普遍的是他们已经不具有那种吃苦耐劳的品质了。他们跟同时代的日本人、韩国人和大陆人相比已经没有什么优势了。在大陆经济条件好的人都走出国门了，大陆的人才不见得比台湾少，而且大陆人又那么拼命吃苦，可是台湾没有。一个社会就这么大，人就这么多，能提供的岗位就这么几个，发展再好又能怎么样。所以必

喜欢文娱活动的台湾青年

须走出台湾岛，开阔眼界，现在有很多人去上海发展，有人看到了大陆将来可能是世界的经济的中心。他们也有一些好的品质，总体上比较娇弱，看起来像长不大的小孩子，但是不会去做坏事。他们享受这种小确幸，感觉社会还是比较和谐，比较幸福。说得难听点，这种娇弱不一定有用，但是也没有害。

长孙：虽然台湾有着多面的今天，曲折复杂的过去，但是我们都很关心她的发展、她的未来，希望她能找到一个正确的前进方向。

小严：我感受最大的是"悲情城市"这个词，其实，它不仅代表九份，更是代表老一辈台湾人。台湾是一个非常典型的移民社会，台湾少数民族、西班牙人、葡萄牙人、荷兰人、日本人、汉人，汉人还包括不同的族群，闽南的、客家的以及1949年前后跟随国民党从大陆撤退到台湾的外省人，都曾来过或继续居住这里。社会在不断地变化与动荡，这种动荡不仅是社会的动荡，还有心理上的动荡。大陆在1978年就改革开放了，但是台湾从1949年起实施戒严直到1987年才解除戒严。

台湾是中国近代史的一个缩影（图为：台南火车站，雕像是驱逐荷兰的民族英雄郑成功，国民党退台初期塑成，车站则建于日据时期）

长孙：其实，台湾的历史就是整个中国近代史的一个缩影。

小严：台湾和大陆都是中华儿女，鸦片战争一百多年来，台湾和大陆经历了类似的命运，台湾的命运甚至比大陆还曲折。台湾比大陆经济起步早，但在根本命运的道路上还没有走到它的位置上，台湾政治往哪个方向走？台湾经济往哪个方向发展？台湾青年怎么选择他们在东亚、在世界的位置？这些问题都不复杂，都很浅显，这些都决定台湾未来的命运。中国如何实现伟大的中国梦，如何完成所肩负的历史任务，这个任务很繁重。其实，这些都是整个大中华在衰败之后所产生的一个大动荡，如果再过几百年来看的话，可能会不一样。所以，台湾要走的路还很长，远远没有达到发达国家的程度，不管是老百姓的生活，还是整体实力。现在大陆人以一种比较开放的视角来了解台湾，但台湾还不能完全做到。不管台湾处在什么位置，如何正确认识大陆才是最重要的。

长孙：今天受益匪浅，谢谢你的宝贵时间。

小严：不客气。

第三节　花开两岸柳成荫

　　短暂的台湾交换之旅转瞬而逝，现在静静回望，欲千言，有万语。在 153 天的似水光阴中，无论是北上台北，还是南下高雄，或是飞澎湖，抑或是舟行绿岛，总是希望能看到一个真相的台湾，不仅是她的山水，更有她的灵魂。台湾虽小，但要了解她、懂她，也非易事，何况还是一个曾经"老死不相往来"的"世外之地"呢。虽然两岸间的开放，已行三十有年，但对彼此的了解远未深入到"熟悉"二字，大陆对台湾有所不识，台湾对大陆也亦然。

第一部分：对台湾的误解

一

　　开始本小节之前，我们先看一篇 80 年代台湾的小学语文教科书里的文章，名叫《台湾颂》：

　　台湾，美丽的台湾，你是个可爱的地方！翠绿的田野间，有层层起伏的稻浪；如画的山水边，有朴实宁静的村庄；青葱的牧场上，有成群的牛羊；宽广的道路旁，有新起的工厂；热闹的城市里，有繁荣的景象。

　　台湾，美丽的台湾，你是个进步的地方！纵贯铁路的电气化，加速了南北交通的来往；高速公路的营建，实现了货畅其流的理想；北回铁路的修筑，开拓了东部资源的宝藏；为了便利海上交通，在苏澳、台中新辟海港；为了改善空中航运，在桃园建立了国际机场；为了促进工业，在高雄造船和炼钢；为了开发资源，核能、石化也相继设厂。

台湾，美丽的台湾，你是个光明的地方！家家丰衣足食，人人奋发图强；十大建设成功，民心士气高昂。台湾，美丽的台湾，你是民族复兴的基地，你是自由世界的屏障。

文中提到的"十大建设"起于 20 世纪 70 年代，完成于 80 年代初，它的告竣是台湾经济过程发展中的一个里程碑，那是台湾经济史上的鼎盛时期，创造了台湾人引以为傲的"台湾经济奇迹"，这就是我们课本里常说的"亚洲四小龙"的台湾。我们这一代大陆人从小读书，讲到台湾就是"宝岛""亚洲四小龙"，的确，80 年代和前后数年的台湾很繁荣，那时有"台湾钱淹脚目"之说（注：意思是钱多到超过了脚踝）。而这个时候的大陆改革开放初始，我们的目标仅是解决人民的温饱问题，很多人还在为填饱肚子而奔波。所以，"富裕"就成了几代大陆人对台湾的印象。

那么，30 年后的"台湾"是什么样子呢？是这个样子的——黄鹤一去不复返，白云千载空悠悠。"新起的工厂""热闹的城市""繁荣的景象""人人奋发图强""民心士气高昂"，对于今天的台湾来说只不过是一个留不住的美好回忆罢了，都属惘然，"亚洲四小龙"已成历史。多年来，台湾企业大多外迁，很少有阡陌纵横般的大型工业区，经济的连续下滑造成人才的外流、物价的上扬、薪资的冻涨、22K 的争吵，甚至政府机关都发不出职员的薪水，面临"破产"的危机。超市货架上所陈设的眼花缭乱的商品，多数是"中国制造"，要找个新鲜的"台湾制造"还得慢慢挑，好不容易看到一个繁体字的商品，但失望转刻而来，因为"中国制造"也可能是繁体字的。

对于城市的风貌，台湾朋友说得最多的就是"没变"，因为那多是二三十年前的"古董"，即使你粗心大意也会在不经意间看到风吹日晒后的痕迹，如此情景在大陆可能早已被铁皮围了起来并画上了一个大大的"拆"字。其实，台北市也不例外。只是台北的市景一出现在世人面前，多是世界级的摩天大楼101的画面，但是101并不能代表台北或是台湾经济的整体实力。台北市的硬体建设略显陈旧，市区建筑并没有想象中那么多的摩登的崭新大楼，101很唯一。流连于台岛城市的街巷，如果你是一个历史学家，那么你可能因为看到了历史档案里的原物而喜出望外；如果你是一个投资商，那么你可能会小心翼翼地斟酌；如果你是一个异域的旅客，那么你可能久久无法释怀，因为现实与你的记忆竟有千般落差。

记得，2005年亲民党主席宋楚瑜在北京清华大学演讲时说，蒋经国让台湾在他执政的16年当中，就是1972年到1988年，台湾每一个人的国民所得从482元美金成长到了5829元美金，增长了11倍。那时是台湾的黄金年代。台湾年平均经济增长率，1981—1990年是8.2%，而全球仅是3.3%；1991—2000年台湾是6.7%，2001—2010年是4.2%；而2011—2015年则是2.5%，已低于全球的2.7%。台湾甚至还有两年的负增长记录，数字就这样一路掉了下来，从龙头掉到了龙尾。

难道现实仅仅是数字的自由落体吗？不是。2014年台湾"国发会主委"管中闵接受访问时感叹，"亚洲四小龙"早就不存在了，台湾实质薪资倒退16年，新加坡国民所得超过台湾一倍，根本不想与台湾竞争；韩国目标是挑战日本，眼中不再有台湾；香港依附于中国大陆巨龙之上，一旦飞起来也看不到台湾。一句"亚洲四小龙没有了"在台湾掀起了不小的热议，也如同冷水般地泼向了沉睡的人们。或许"数字"是僵硬的、刻板的、冰冷的，当然也是无情的，那么"人"的感受应是最真切的了吧。一位台湾同学告诉我，他爸爸大学毕业参加工作时的工资竟比他大学毕业还要高，其实到现在我都在怀疑这句话到底有多少的真实度。

"沉舟侧畔千帆过，病树前头万木春。"当台湾陷入泥沼之中时，曾经被世界人民都看不起的中国大陆居然富裕了，并且一发不可收拾，跃居到世界第二的位置，广东、江苏、山东、浙江等省的经济总量都相继超过了台湾，甚至连"吃不起茶叶蛋"的河南也跨过了台湾。这几年的大陆，传统的消费模式正在萎缩和转变，新兴的互联网经济方兴未艾，淘宝、支付宝、微信支付等电子手段逐渐上升为生活的主流，不仅在百货公司、超市无须现金交易，即使路边的煎饼果子、烤冷面也是"扫一扫"即可。大陆学生一定不会陌生大学门口排成一条线的中通、申通、圆通、天天、顺丰……的快递小哥们不停地在发着短信、打着电话，可是这景象在台湾没有。

当大陆人在充分利用互联网经济和电子工具的多功能、便利性之际，台湾又悄悄地掉队了。与此对应的是，台湾近年来出现了浓厚的保守主义和排外倾向，其背后的原因是经济能力的缺失和不自信的使然。或许是因为持续的经济萧条和政府信誉的破产，台湾民众对"GDP"这三个英文字母好像也已丧失了感觉和信心，反而比较注重追求个人生活的享受和内心的安适。这也无可厚非，当未来更加模糊，当社会的发条拧得更紧，七情六欲的小小个人除了追求个体的空间又能怎样呢？

行走台湾，感受不到经济发展的生机和青春的活力，望着灰暗无声的建筑，直觉告诉我它有着岁月的堆积、辉煌的过去，那强烈的视角冲击让人不由自主地心生疑问，为什么我们记忆里的"亚洲四小龙"会是这个样子？就在管中闵吐露真言后那几天，台湾的《联合报》有一篇《四小龙的残影之外》的小评论：

国际间不用"四小龙"一词已近廿年，唯独台湾人还不时挂在嘴上；主要原因，那真的是大家难忘的辉煌时代：出口频创记录，外汇存底举世称美，台湾钱淹脚目，人们走路有风。转瞬廿年，已是"金砖五国"的奔腾年代，而四小龙各奔前程，唯台湾风光不再，怎不令人唏嘘？

台湾经济下滑，并不是今天大家才猛然惊觉的事。事实上，过去廿年，台湾一直在挥霍上一代留下的资产，用民粹的叫卖来决定国家大政，用简单的政治算术来决定经济政策。

……

四小龙的记忆残影，或许能让人们想想：台湾如何失落了美好的时代。

那是大家走路有风的年代，只是一不留神，已是 20 年后，沧海桑田，物是人非，恍若隔世了。

说了这么多台湾经济的"坏话"，这是我们要的目的吗？那你就错了，我们看到的是一个社会如何从繁荣走向昏迷的沉沦，而代价——无与伦比。

但台湾经济并非一贫如洗、穷困潦倒，台湾人均收入有两万多美元，农村像开发过的城镇，地区差距比较而言不算太大，同时软体建设也拥有相当的水平和经验。那么，台湾经济到底是慢性增长，或是衰退，还是吃老本？经济学家或许有他们的学术报告，政治人物或许有他们的统计数字，而老百姓可能更有他们自己的切身体会。

二

现在我们进入台湾的文化。记性好的人一定还记得我们初高中历史课本讲到"亚洲四小龙"的时候，说四条小龙腾空而起其中有一个共同的原因，就是都处于儒家文化圈。早年大陆经历过"破四旧"和"文化大革命"，而台湾正在努力地提倡"中华文化复兴运动"，繁体字在台湾得到延续，书信会使用旧有的格式，各地有孔庙也有祭孔典礼，还有闽南式的"四百八十寺"之景，这些都是存在的，也算是跟大陆不太一样的风情吧。关于文化层面，我想谈谈自己在台湾目睹的另一面。

现在台湾自称是多元文化，包括来源于中国大陆以闽南文化、客家文化、外省文化为组成的中华文化，同时也强调少数民族文化和外来的日本文化、欧美文化以及新住民文化。在外来文化中，影响最大、最深的莫过于美国和日本文化。

以美国文化为代表的西方文化，最明显的是对台湾政治的影响。在民选成立各级政府的同时又选举产生监督各级政府的议会式的民意代表和民意机构。另一方面，政府官员的留学经历中美国背景最强，以"总统"为例，李登辉、马英九、蔡英文都是留美生，而几个主要政党的领袖，也都有此特征。此外，台湾极力宣扬与西方国家拥有共同的价值观，并试图渴望世界认可它的自由民主理念和现实成果，亦不断向外对比与其他华人社会体制的差别。

曾经有一个流行的说法：台湾是中华文化保存最完成的地方（谢东闵，为两蒋时期的"台湾省主席"、"副总统"，图拍摄于南投台湾省政资料馆）

其次是教育。台湾高级知识分子拥有相当比例的欧美教育背景，而台湾的教育改革就是基于欧美的教育制度由海外归来的台湾人制定推行的。同时，现在传统的课堂环境正向西式的自由气氛转变，所以大陆学生会感觉台生在课堂上地表现太过于自由和散漫，而老师一般也会随着他们的性子。不过，有位从美国归来的老教授对此倍感忧心，他认为台湾并未了解到真正的西方价值理念和教育精神，只是一味地模仿人家的表象。

再次是宗教。宗教是一个在台湾有着重要地位和影响力的阶层，这不仅仅表现在宗教本初的信仰层面，而且也在政治、教育、医疗、救济等社会领域发挥着不可小觑的影响，它们的努力也得到了社会和民众的认可，一定程度上宗教代替了政府的部分功能。台湾是宗教自由的社会，

除过佛道二教，天主教和基督教也得到了广泛的传播。台湾是一个政治上"统独"对立分裂的社会，而生活在这个社会上的宗教团体不可避免地持有各自态度的选择，也因此它们成了蓝绿头角积极争取的对象。

此外，宗教在学校教育方面也扮演着重要的角色，包括高等院校和基础教育学校。宗教学校不但开设一般世俗学校的学科和课程，也容纳不同信仰的师生，不过在各自的校园内还是会相对多一点学校所属宗教派别的宗教性设置。台湾的宗教学校不以出神入化的武术而闻名，而在于它的世俗化教育建设和对社会某些方面的影响力，如天主教、基督教的辅仁大学、东吴大学、真理大学、长荣大学等等。

接下来说说日本文化。日本曾经殖民台湾 50 年，并有心地推行"皇民化运动"，台湾光复后，国民党当局未彻底地根除日本遗迹，以致留下无穷后遗症。在台湾日本的影响无处不有，遍及吃、穿、住、行……像关东煮、便当、榻榻米、木屐、第一体育运动"棒球"等都带有日本的影子，年轻人最爱的台北繁华商圈西门町就汇集了大量的日本元素，而今日的"总统府"还是日本殖民时期的总督府，现在在台湾有个活跃的族群被称作"哈日族"，指的就是这个。如果说美国对台湾的影响偏重于政治，那么日本对台湾的影响则体现在生活和心理层面，甚至是领土争端和两岸关系。

2012 年 3 月，日本交流协会发布了一份"2011 年度台湾民众对日本观感之研究"的调查报告，在关于"除了台湾之外，请问您最喜欢的国家或地区是哪里？"的选项中，有 41% 的台湾人选择日本，位居首位，尤以 40 岁以下的年轻族群最为显著，而并列第二的中国大陆和美国，各占 8%。54% 的台湾民众认为日本是"值得信赖的国家"，只有 10% 选择"不值得信赖"，认为值得信赖的理由排前两位的是"文化面的共通性（61%）"和"长久交流的历史（57%）"。

有一位台湾年轻人曾告诉我，她的外公在日据时期被日本人欺负，她的外公痛恨日本人。我问她最喜欢哪个国家，她说："日本。"问之原

日本元素无处不在（图拍摄于高雄左营高铁站）

因，她认为台湾现在的诸多建设都得益于日本人，日本环境也很干净。而且，她 LINE（在台湾类似于微信的通讯软件）的名字用的也是日本名。无独有偶，在我回大陆的前夕，有同学给我看他的 facebook，有人发起连署希望让台湾"回归"日本，并历数日本殖民时期的"政绩"让这位同学也愤慨不已。让人最不齿的是像李登辉这种说"自己是日本人""钓鱼岛是日本的"的具有"皇民癖"的"台湾人"。所以，不难想象为什么在台湾会接连发生慰安妇"自愿说"（包括"行政院长"林全）以及辱骂外省老人的洪素珠事件。

台湾变得让人不可思议，对于日本殖民期间镇压和杀害台湾人的事实，这个社会和这个社会上的人鲜少提及，就像1930年少数民族莫那鲁道领导的抗日的"雾社起义"，日本殖民者动用了军警，使用了山炮、飞机、炸弹，甚至是毒气弹来攻击少数民族，以致战死或自杀的山胞达644人，包括妇女和儿童，最后起义的六社仅剩298人，近乎灭族，而起义领袖莫那鲁道的尸体竟被殖民当局做成了标本。这部悲壮的抗日史，在80年后被拍成了电影——《赛德克·巴莱》。

近年来，当大陆努力向海外推介孔子学院的时候，台湾却拼命地"去中国化"，并不断地营造所谓的"台湾主体性"，而且公开美化殖民侵略。当今，传统文化的生存已经成为整个中华文化圈所面临的共同议题，但台湾显得尤为特别和紧迫。

当然，台湾文化属于我中华文化圈毋庸置疑，中华文化是两岸割舍不断的天桥，也是两岸目前最大的公约数。但文化也是不断而"化"的，并非一成不变，如果长此以往，台湾在文化上很可能就是一个断流的山泉……遥想当年台湾高调的"中华文化复兴运动"，再到今日之斑斑现象，随着中国的崛起，中华文化必然会回归到她的源头，捍卫和复兴她的重担也将会在那里！

此刻，我们再次以 80 年代台湾一篇小学课文来作为对台湾文化讨论的结语，这篇课文叫《我是中国人》：

我是中国人，我在中国生根。我爱中国，爱得最深。我最爱听的语言是我们中国的语言。我最爱看的河山是我们中国的河山。中国家庭多么温暖，老年人最受尊敬，小娃娃大家喜欢。老老少少幸福平安！中国社会多么安和，招待朋友最热心，邻居来往很亲热。人人都相信：助人最快乐！我是中国人，我在中国生根。我爱中国，爱得最深。

第二部分：对大陆的误解和歧视

对比两岸，大陆对台湾的开放时间久，深度和宽度都很大，但还是有部分台湾民众对大陆的看法存在误解甚至是歧视。当然，有"误解"也不奇怪，但有时候会让人哭笑不得。

一

关于台湾人对大陆的看法，经济是常被谈到的，但答案有两极化之现象。一部分台湾人认为大陆很富裕，大陆人好有钱，并以大陆大妈来台血拼购物为例，说大妈看见东西就往包里装，不管价格是否昂贵，只要是喜欢的，于是挥洒自如的大妈就代表了大陆经济的水平。这几年随着陆客的开放和自由行的实施，大陆游客逐渐上升为台湾观光业的最主要客源地，各地和各景点都铆足劲儿地招揽陆客生意，陆客也就成为台湾人日常生活中接触最多的大陆群体，但是赴台旅游的大陆人在经济收入上居中上层，所以台湾人难免以"大妈"窥天，以点带面。当然，大陆经济的飞增也是有目共睹的。

与此相反，另一部分人则说大陆很穷很落后，到台湾后我才觉得那个说"河南人民吃不起茶叶蛋"的"茶叶蛋教授"并不是个案，这些人对大陆的认知还停留在30年前。台湾人虽爱好游历，但没有到过大陆的或不关注大陆的人也大有人在，外加岛内的社会环境，有的人还是持有早已过时的"优越感"，而这种"优越感"有一定的传承性。当然，也有人对大陆经济的发展和现状持均衡看待。

另一个较常听到话题是关于"台商"的，但令人"匪夷所思"。我在台湾的时候，有几个同学跟我说台商在大陆投资"血本无归"，我既尴尬又莫名其妙，尴尬的是我的身份，莫名其妙的是他们的功利。经济投资有成功，也必有失败，不可能人人都赚得盆满钵满，不然大家都进了福布斯排行榜，这本是正常的经济现象，但他们往往会将失败归咎于"大陆"。这让人不由得想起了，今天台湾社会只要一出事儿，不是说"都是马英九的错"，要么就是"老共的阴谋"，太民粹了。我会告诉这些朋友，这个要从总体上来看，少数人的失败在所难免，如果多数盈利，那就不能以偏概全，况且30年来大陆是台商对外投资的重心和首地，不然无法解释这个事实的。但是，对于"血汗工厂"、电信诈骗、包二奶，台湾人却多不谈。其实，我自己在台湾也有过被人诈骗的经历。

有一回，正在上课的老师突然说："我们台湾人，命就是不值钱，我们有个台商在大陆被人打死了。"当时大家都把目光投向我这个大陆人，我至今还记得那种"眼神"。老师接着又说："你们知道台商在大陆的作为吗？"大家望着老师，"曾经我们（台湾）有一个在大陆沿海投资的台商把饭倒在桌子上，然后让他大陆的二奶喂给他吃，旁边另外一个台湾人说他差点都想打这个台商，你们知道台商在大陆名声很糟糕吗？"老师说完这句话，大家的眼神又回去了。

台商投资一事应该用整体的视野来评价，而非仅仅的少数，我相信那个把饭倒在桌子上的台商只是全体台商中的个数，我也相信非正常原因投资失利的亦是余数，而台商为大陆经济发展做出的贡献也是不容否认的。同时，对于电信诈骗之类的违法活动，罪犯应该得到必有的惩处。

二

关于"歧视"这个问题，台湾社会到底对大陆有没有歧视？答案是："歧视"不是主流，但是"有"。对大陆人"歧视"最明显的莫过于台湾的公权力部门和政治人物了，当然也有少许普通民众。

有一次，是在台北的万华火车站，万华站允许自行车上火车，只要买了票就行，我拿着票推着车子问站内的工作人员入口在哪儿？没有想到这名工作人员突然来了一句，你以为这是你们中国大陆呀？我到现在还是丈二的和尚摸不着头脑，到底是怎么回事，即使我哪里不对，我也不能代表我们全大陆啊。因为日常生活中大多数台湾人还是很热情的，所以这个事我印象深刻。

对于赴台自由行的大陆游客而言也许最多就是两个礼拜的时间，一眨眼就过去了，而且还可能玩得兴高采烈，留下一片美好的回忆。可是在台大陆学生少则四五个月多则三四年，若读本科后再读研继续读博那就更长了。如果仅是学习或许是快乐的，可是面对台湾当局添加给陆生的种种限制，让陆生备受歧视。台湾学校在招收陆生的时候有所谓的"三限六不"政策，即限制采认大陆优秀院校、限制陆生赴台总量、限制采认医学和关系"国家"安全领域的专业，不加分、不提供奖助学金、不影响招生名额、不允许校外打工、毕业后不可留台就业、不开放报考证照。我去台前就知道"三限六不",那时"三限六不"对我来说是一个概念,但我去了台湾"三限六不"对我来说是一种"感受"。我刚到学校的时候老师打算让我做助教,结果第二天老师告诉我不能担任此职,因为担任助教是要付薪酬给来自大陆的我,这不合"规定"。可是同一个研究室的越南人在担任助教,印度尼西亚人担任助教,马来西亚人担任助教,还有……唯独大陆人不行。

后来,查台湾"教育部"针对外国学生的(不包括大陆、香港及澳门地区)的两个奖学金:"台湾奖学金"(学位生)和"华语文奖学金"(来台研习华语文生),其相关规定如下:

台湾奖学金作业要点

一、学费及杂费(包括学分费及学杂费基数)。受奖生学费及杂费上限于新台币四万元以内(含新台币四万元),由"本部"核实补助,超过新台币四万元者,不足部分由受奖生就读之大学校院配合款补贴支应。

二、生活补助费:"本部"补助大学生每月新台币一万五千元;硕士及博士生每月新台币二万元。

华语文奖学金作业要点修正规定

一、奖学金金额:每月奖学金新台币二万五千元。

二、奖学金期间及奖学金实际核给期限:

暑期班二个月(六月、七月或八月)、三个月、六个月、九个月或一年期。

台湾的物价是什么水平?中原大学校附近的便当店一份盒饭新台币60元上下,街道一份牛肉面100元,普普通通的大概就是这样子。

当年台湾针对陆生制定"三限六不"的说法是基于保护台湾学生的利益不受损害,但是对比发现外国学生的待遇远非陆生所能比拟(并非有意来暗伤外国学生),甚至连台生都羡慕不已,有时候台湾老师和同学也愤愤不平。有一次，老师在课堂上说了台湾某大学一个来自中南美洲台湾"邦交国"留学生的事儿，这名外籍学生每月来自台湾的"收入"若是用于日常生活开支绰绰有余，但这名留学生还不乐意，说："是你们台湾请来我的。"老师在讲这件事的时候，有台生当着我们大家的面说："我们台湾人就是贱。"其实，我能理解台生的心情，有的同学搭火车到台北给学生补课，有的在校外兼职两三份工作，大多数人既要顾及自己的学业，又要拼命地赚钱养活自己，没想到给了钱还被"埋怨"。

陆生不但起着沟通两岸情谊的桥梁作用，而且对于台湾经济也是贡献者而非索取者。以交换生为例，大家都是首次来台湾，对台湾都有无比的新鲜和好奇感，外出旅游频繁又大方，周周出去旅游也是常事，而且不是个人游，都是三五成群地组团。我有交换生朋友一学期全台走透透，本岛每一个县市都去了，连台湾同学都惊讶说怎么连苗栗山区那种偏僻的地方都去了。为什么大家的旅程都要安排得满满当当呢？因为交换生在台湾时间短，这次不去就得下次再来，可是去台湾有许多限制，不是有钱就可以去的，而且即使旅行去台也是外加条条框框，所以大家都不会放过难得的在台机会。

再者，陆生在台湾学、吃、住、行、购物、旅游等等都自掏腰包，因为不能打工，也不能在学校帮老师做事，所以都是家里打钱。现在台湾景点多是大陆人，陆客对台湾经济的贡献本应得到社会的认可才对，其实不然，常听台湾人和媒体批评大陆人来台旅游损害了他们的生活品质，影响了他们的生活方式，把钱都给了"财团"。说降低了台湾人的生活品质让我们这些曾经在台湾生活过的陆生难以信服，我们出去旅游住的是民宿，回学校住的是租来的民房，每天吃饭也都是路边摊，可是又有谁知道多少底层的台湾老百姓是以此为生呢，又有谁知道那些每天站在校门外推个车子的摊贩妈妈的辛苦呢？难道他们也是"财团"吗？如果说知名景点陆客多，是不假，可是一般的景区不见得都是大陆人，就像10月份的澎湖观光业就进入了冬季，那次在澎湖旅游时有的景点就我一个人，偶尔才会看到人，说实话有的地方一个人逛还挺害怕的。

招收陆生一个原因是基于两岸关系的正常化，另外一个原因是台湾的大学招生困难，因为人口少，学校多，很多学校因招不到学生而陷入困境。2015 年 6 月，有一份新闻报道说，台湾某大学 1 个老师身兼 11 个科系系主任兼代理教务长，而该校共有 11 个系，仅 256 个学生，随着 157 名大四生毕业，全校将只剩下 97 名学生，这样的大学还没有大陆一所小学人数多。因为招不到学生，现在台湾的大学录取分数越来越低，2008 年，一所大学的最低录取分数线只要 7.69 分，平均每科不足 1 分，7 分上大学震动全台湾。所以台湾各大学都希望能扩大陆生的招收，而陆生的到来又恰恰弥补了这个窟窿，台湾也看到了目前的危机，但是对于陆生的心态却是既想要"胡萝卜"又挥以"大棒"。

禁止陆生打工、不提供奖学金、拒绝健保这还不算什么，有陆生只因在 facebook 上发表对台湾健保政策的意见而其脸书遭关闭。更甚的是有人还造谣，我在去金山旅游的途中，出租车司机问我，台湾每年给陆生多少钱？让我大为震惊。有位台大学位陆生说他也遇到过同样的问题。其实，不要说是呼啸而过的司机大哥了，就连同堂上课的台生，有的刚

陆客到底是贡献了台湾经济，还是影响了台湾人的生活品质呢？（图为垦丁海滩）

开始也不相信台湾会有双重标准。

曾经"火烧"华人世界的台湾大作家龙应台说，请用文明来说服我，而我们该用什么来说服自己呢？这就是陆生在台湾的待遇，台湾民众在大陆享受"超国民待遇"，我们以同胞相待，不曾当过是外人，而大陆学生在台湾却是"冰火两重天"。当然，理性地说，这是一个历史工程，需要时间的缝合。相信大多数台湾民众是支持陆生赴台读书，赞同陆客旅行台湾的，不然的话，在台湾那个社会这项政策是很难实施到现在的，只是说台湾某些法规让人觉得难以信服和啼笑皆非。虽然陆生在台遭遇着种种的限制，但是从长远来看，对于两岸而言，这项事业的"功"和"利"将在数十年之后更清晰地显现出来。同时，如果台湾当局针对陆生的苛刻待遇持续存在下去，那么对于时时地地以"自由民主人权"为宣导的台湾社会而言无疑是一种反讽。

不过，学校和老师一般是不会区别对待陆生的，反而老师很重视陆生的看法，甚至还夸奖陆生，也有台湾同学为陆生叫屈。经常去图书馆会碰到一位管理员老师，她每次都要先夸奖一番陆生，然后再进入主题，偶尔还会加上"祝你考第一"的话，并竖起大拇指，每次我看到她如同见到亚历山大，万分惭愧啊。系办的老师经常给我开介绍信，盖章都是不厌其烦的。刚开学的时候，校长还为陆生开了欢迎会，学院也组织过餐聚，期间学校还组织我们游览了野柳地质公园和淡水老街，落日下的淡水河、渔人码头、情人桥真如诗情画意般的漂亮！当时是校车从桃园机场接我们到学校的，走时又送我们到机场，挺感动的。

我在台湾只有短短的一学期，可是那些三年、四年的学位陆生我相信他们比我的感受会更深，更强烈，更刻骨铭心。这种"特殊"的往事应该把它记录下来，这不仅是一篇文章，更是一个时代的见证（或许有点夸大），我有责任把它写出来，因为我经历过，或许某年某月的某一天这些畸形的政策将烟消云散，但对于过往已是流水，对于个人和时代来说这就是经历、印象、记忆和历史。

中原大学组织陆生外出旅游（图为野柳地质公园）

关于台湾对大陆存在的误解和歧视，我觉得有以下几个原因：

第一个是历史的遗传。稍微说远点，日据时期日本在台湾推行"皇民化运动"，故意诋毁台湾人对祖国的认同，离间两岸中国人民的感情，这对日后台湾人的中国情感产生了深远的负面影响。台湾光复后，蒋氏父子在台40多年间又采行强烈的反共立场，不惜丑化大陆形象，其中不缺"贫困""饥饿""苦难""水深火热""共匪""反共"这样的宣传教育，大陆甚至被描绘成"没有太阳的地方"。而对台湾的描述截然相反，"自由民主""进步""繁荣富足"……这就是为什么即使到了21世纪的现在，台湾还有部分人对大陆自我感觉"优越"的原因。虽然台湾解严已近30年，但还是会经常听到"共匪"的叫法。虽然大陆改革开放已卅年有余，但是还会出现"吃不起茶叶蛋"的说法，这些明显带有蒋时代的印记，必须说，"两蒋"对大陆的丑化和仇化宣传在台湾得到延续和继承，负面影响伴随至今。

第二个是政治操作。挺向"台独"的政党和人士主张"本土"，反对"统一"，谁跟大陆往来他就扣谁红帽子，导致大家有真话不敢讲，害怕戴上一顶"卖台"的大帽子，而很多人又只看颜色不分是非，支持的民众就盲目地跟着"逢中必反"了。再来，为了政治利益，故意炒作争议事件或人物，像"二二八事件"、像蒋介石等，以此来激化民众对大陆的仇恨。两岸现在还处于分裂状态，时不时地会产生现实的冲突，而现实的碰撞又加剧了台湾人民对大陆的偏见。台湾有些人喜欢搞悲情意识，两岸一有摩擦就哭诉"大陆打压台湾"，这样始终让大陆和台湾处于一个对立面，而这种"仇恨式"的对立就深深地藏在了很多人的意识和情绪里。

第三个是媒体。首先，台湾的媒体界限分明，立场各异。台湾报纸不多，最常见的是《中国时报》《联合报》《自由时报》《苹果日报》四大报。电视台方面，有三立、民视、台视、东森、中天、中视、TVBS 等。因台湾属分裂型社会，故媒体也有蓝绿之分。台湾媒体对大陆报道的篇幅本来就少，偏绿媒体对大陆的报道就更少。

再者，内容的单一性。台湾的网络是没有任何限制的，可以随意浏览任何网站，不管是近在台湾的还是远到世界各地的。按理说这样自由的社会，新闻资讯理应非常开放、丰富、多元，然而现实却恰恰相反。一类是蓝绿永远在攻防的新闻，要么是国民党，要么就是民进党，永无止境的争辩中。另一类是生活琐事，不是摩托车跌倒了，就是某某某跟某某某上摩铁了，就是一些日常生活杂七杂八的琐事。

另外，新闻的真假难辨，最突出的就是名嘴，所谓的名嘴是指常上电视电台的知名嘉宾，来宾有职业媒体人、官员、民意代表、大学教授等等。名嘴常会爆料一些"新闻"，什么"内幕"啊，"高层的消息"啊，真真假假就靠观众自己去辨析了，并且很多人会使用夸张性的表达。这几年关于对大陆报道的一些笑话就是出自名嘴，因此就有了新闻报道娱乐化之说，但名嘴的影响很大，因为他的前面是千千万万的观众，而且还是日复一日的。记得 2013 年，菲律宾射杀台湾渔民事件发生后，菲方拒绝向台湾道歉赔偿，有网民出了"高招"，说，台湾只要空投一批名嘴到菲律宾，菲律宾马上投降。

所以，各电视台不但同质性高而且都是些鸡毛蒜皮的事，国际新闻很少，大陆的报道当然也不会多，即使播出大陆新闻也以负面为主，正面较少，天天看着这样的新闻自然而然对大陆不了解，一知道都是不好的。有时候我觉得台湾人并不是不想了解大陆，而是生活在这样的媒体生态下他们也很无奈和可怜。

台湾社会环境对新一代年轻人的思维、视野、世界观产生了相当大的负面投射，有时会闹"笑话"。有位马来西亚的留学生跟我说，她刚来台湾的时候人家问她马来西亚人是不是住在树上？让她很无语。还有一个台湾同学问她的朋友去过国外吗？朋友回答说去过。她问是哪里？朋友说："澎湖啊（注：澎湖是台湾的离岛）。"

第四个是习俗差异。两岸经过了两甲子的分分合合，确实在生活上形成了一些各自的习俗习惯，如果对彼此不是很了解和理解，这些生活习惯就变成了误解的源头，甚不应该。光复初期，曾在台湾短暂教过书的何兆武先生在《上学记》里记载了他在台湾的伤心事儿：

我跟台湾人没有真正的接触，语言不通是个很大的障碍，短期旅游固然无所谓，可要住上一年半截的话，语言不通就很苦恼，连个东西都买不好。有一件事情让我印象很深，而且很伤自尊心。大陆上买东西可以砍价钱的，所以我到了台湾也是这习惯，有一次去商店买东西我嫌贵，说减点价吧，不想老板娘会说几句普通话，答道："不行，这不是你们中国。"这句话大大伤了我的心。

其实，现在我觉得两岸之间有一些误解不见得都是政治因素，也有很多是因为两边的生活方式和习惯不同所致，我觉得这种生活的摩擦有时比政治冲突的影响可能更大、更远、更深。台湾人常批评大陆人没有公共素质，大陆这方面应该改进提高，可是有些是习惯使然并非恶意，更不是素质问题。像对"小姐"的称呼，在台湾"小姐"是一种非常普遍的褒义的礼貌用语，十七八岁的，二三十岁的女性都可以用，可是在大陆如果叫一个初高中女生"小姐"，搞不好她会扇你一巴掌，但在台湾完全不会。我在台湾时，我老师上课有时候都会叫班上女同学，张小姐、王小姐。有个同学还开玩笑，称呼自己妈妈"刘小姐"呢。这在台湾是礼貌的表现，但如果放在大陆就是"罪过"啊。听有来过大陆的台湾同学说，他们在大陆饭馆用餐时称服务员"小姐"，服务员不高兴。但他们可能不知，这名服务员估计心里会骂"流氓"，而台湾人估计心里也会嘀咕，我这么礼貌对你，你却摆一张臭脸，真没"素质"。其实，这就不是"素质"的问题了，这是习俗习惯差异。

还有，像台湾批评大陆人"说话声音大"。但在大陆一个男的说话过于细声细语可能会被人家骂娘娘腔，这种"娘娘腔"某种程度上是嘲讽性的。我上初中的时候，我们学校有一个男老师，说话比较温柔，不知道是谁给这名老师起了个外号叫"温柔"。那时候每周一早上升完国旗，老师要轮流讲话，有次轮到了"温柔"老师，他对着全校的师生说："你们叫我"温柔"，难道你们家都是飞禽走兽吗？"所以，当事人就很生气了。当然，作为一个有礼貌的现代公民，我们要尊重每一个人的特性。但是在台湾情况完全不一样，男士说话普遍温柔，以前觉得马英九讲话为什么会是那样，其实马英九在台湾人群中有很大的代表性，有人认为这是"温良恭俭让"，是教养。在台湾公共场合或人多的地方，一般都不会大声说话，如果有人大声讲话，别人就会感觉不舒服，会朝你瞪眼睛，以后谁还敢出大声，这样就成习惯了。相信大陆人对台湾第一名模林志玲那种说话声应该不会陌生，不过我在台湾还遇到了比志玲姐还娇柔的，并且不止一个人。

再举一例，台湾学生笑大陆人洗公共澡堂，就是没有隔板的，一览无余的，光溜溜的那种。台湾一年四季湿热，水系又充沛，所以对洗浴的要求就比较强。可是，如果是在大陆西北干旱地区，连一日三餐吃水都是问题，何来天天淋浴啊，这就是地理环境的差异。大陆学生并不是不喜欢单人浴的自由自在，只是有的大学天天能有公共浴洗就已经很幸福了，这就是有限的资源无法照顾到每一个人。所以，又是现实造就习惯。

俗话说：十里不同俗。两岸在交往的过程中应尽可能地了解和认识对方的文化、习惯、习俗，更应该相互体谅、理解、尊重、包容彼此，这无关素质，但我觉得入了乡就要随了俗。

第三部分：民主 or 乱象？

曾经问过一个台湾同学对台湾近 30 年来的发展有什么看法？这位朋友说，虽然台湾的外在建设步伐缓慢，但是整个社会变得更多元和更开放，并以同性恋为例说，以前许多人会公开抨击，如今即使不认同或不赞成，也不会公开攻击。但又说，社会虽然更自由，却因为在没达成共识下意识形态也更嘈杂、更纷扰。

20 世纪 90 年代，台湾开启民主化，社会发生了巨变，民众多了权力，官员少了衙门里的威风。同时，经济没了以往的繁荣，政治变得吵吵闹闹，民粹扩大了阵容，社会也多了许多奇奇怪怪的现象。

大家对台湾"立法院"可能一点也不陌生，"立委"打架、扔鞋子、丢东西、"霸占"主席台隔三岔五地上演，而有的民众解释这一乱象是表演给选民看的。因为官员是选举出来的，民众感觉自己高官员一头，不高兴就开骂了，不管你是"总统"还是什么长，官员不能骂民众，不然就麻烦了，要不他下次不投票给你，要么他找民代说事，议员会在议会修理官员。台湾的民意代表作风猛烈，有时候会动手动粗还人身攻击，政府官员不但要稳稳地站在那里，还要有气度地让议员臭骂，议员让官员回答，官员才能说话，不能插嘴的。有时觉得当官挺没尊严的，就像马英九一样，感觉就是个出气筒，大家气一上来就骂马英九，马英九被骂得体无完肤，谁都在骂，谁都可以骂，"总统"连一个卫门大哥的形象都不如，"总统"不是人民尊敬的"领袖"而是吐口水的痰盂。

再像台湾的警察其执法能力常受到民众的质疑，但有时候群众也过分，明明是自己不对，警察在执法的时候还故意喊口号："警察打人、警察打人……"台湾人喜欢上街抗议，维持治安的警察往往会对着聚集的人群说："退后，退后……"激动的抗议者还往前冲，甚至往警察身上扑。有时候警察会用人墙挡住两派意见不同的群众，群众还会紧贴"人墙"用手指着对骂，致使台湾警察的执法效能大大的弱化了，治安反受了影响。

常听台湾同学说，他们选区的议员每天第一件事不是去单位签到或是在服务处接受民众陈情，而是先站在殡仪馆门口，向失去亲人的民众致哀送暖，然后再去上班。如果议员不能亲自到殡仪馆，也会派代表前往。他们说议员不一定跟选民最熟悉，反而是殡仪馆。不光是民意代表，政府官员也会有。一次，跟一同学聊天说："你们以前的老市长民调支持率好高呀。"他说："因为他每天早上待在殡仪馆，每个人都认识啊。"民选的公职人员对选区的红白喜事很重视，去店家吃饭，买东西，经常会看到民意代表、官员的照片、帖子、对联、匾额。台湾的议员是民选的，做最亲善的选民服务，理所当然。这个不知道是"对"或"不对"，但至少算是台湾社会一个独特的现象吧。

对于台湾今天的处境少有人从自我角度去检讨，这也有利有弊吧，利的是人民若有不满，可以找到监督、发泄的对象，当官的不再是府衙里的大爷；弊的是政府要推行建设规划往往会遇到极大的阻力，群众的、社团的、民意代表的、政党的，等等，政府的蓝图无法实施最终的受害人还是老百姓啊。

很多时候政策的存废不是理性的辩论，而是意识形态和情绪，民众对自己支持的政党可能充满赞誉，对反对党可能尽是批判，这种颜色的统御影响到了各个方面，甚至是"是与非"。陈水扁在"总统"任内涉嫌贪污、受贿被曝光，引发民众的强烈不满，2006年民进党前主席施明德还发起了百万人倒扁的红衫军运动。卸任"总统"后，陈水扁被禁押监狱，从入狱的那天起，台湾社会争吵就没断过，今天说阿扁"尿失禁"，明天说"上吊自杀"，你说"司法不公"，他说"族群要平等"，还有"肚子扁扁也要挺扁"一帮人绝食以死抗议。一向被认为全台湾最守法的哈佛法学博士"总统"马英九最后也软了，2015年1月5日，陈水扁以"保外就医"的名义被马当局释放出狱，那天有很多民众守候在监狱门口欢迎陈水扁出狱，阿扁出来后还跟外面的群众挥手致意，但陈水扁拒绝认罪。阿扁出狱那天，有位陆生说，像陈水扁这种人居然也能放出来？一旁的台湾同学立马回呛："你没看到人家都病成这样子了吗，你有点同情心好吗？"

其实，狱中之事谁能说清楚了，在阿扁出狱一个月后，高雄就发生了监狱暴动，六名服刑人员劫持狱方管理员和典狱长，在双方对峙的过程中，为首的囚犯郑立德（帮派分子）发表了五点声明，其中两条是：

陈水扁假病可以保外就医，监所比他严重的就不能保外？为什么，因为我们是罪犯、活该关死，那阿扁不是罪犯吗？身为一个国家元首曾经当过律师的阿扁，难道不懂法律吗？他都知法犯法，却被你们说成政治犯吗？既然阿扁可以保外、那就比照办理一视同仁，法律之前人人不是平等吗？

我没有杀人却被判18年的杀人罪，18年对别人来讲只是个数字，对我来讲却是不甘心，我只是冰山一角，还有更多的受刑人跟我一样的心情，谁来帮我们说话？

最后六名囚犯开枪自杀了。李敖在隔天的微博写道：

台湾6个重刑犯，抗议陈水扁假释，集体自杀。在声明中慷慨陈词："18年对别人来讲只是个数字，对我来讲却是不甘心。"可见妄赦陈水扁的后果何等严重！历史上赞美阿斗"赦不妄下"，妄下赦免命令是玩法。国民党民进党都不懂大道，在狭路与流氓相逢。流氓给两党上了一课：黑道也比你们走正路。"

只是发生监狱暴动时我已经回大陆了，不知那位同学会作何反应？不过这是后话了。

但台湾社会也有它的优点，首先当是公共服务的便民性，它的设施会尽可能地照顾到每一个族群或每一类人，像交通工具，基本上都是以普通话、闽南语、客家话和英语四种语言报站，这与台湾的族群构成有关，台湾有四大族群外省人、闽南人、客家人和少数民族，这样不懂普通话的老人或是外籍游客就会少许多的麻烦（但我也奇怪为什么没有少数民族语言）。又像，公厕一般都会提供厕纸，公共单位基本上都有，甚至是商业性的便利店。再如，常会在公共场合见到母婴室这种为特殊人群所提供的设施。虽然这些都是"小事"，但可以感受到它的用心。另外，我猜想这也与台湾岛小、人少资源便于分配有着一定的关系。

其次，是公共机关服务的礼貌性，以自己平常接触最多的学校部门、城市里的图书馆、交通运输机构、旅游服务处为例，大多数工作人员的态度都较为和气，一般不会摆臭脸和耍脾气，而且也会尽可能地给予别人方便。但并不是所有人都是这样，还是会有摆"官威"的。

最重要的还是公共场合的有序性，无论是搭乘交通工具，或是夜市品小吃，民众都以自觉排队为序，少见拥挤，大型活动亦是如此。10月份，中坜举办了一场闽南语演唱会，地点是在光明公园的露地上，出席演唱会的有李翊君、龙千玉、蔡小虎、翁立友、萧煌奇等明星。因为演唱会是在露天举办，又无需买票，那晚观众都是席草地而坐。当众艺人在舞台上激情歌唱时，民众都是安然而坐，并未起立欢呼呐喊，也未争先恐后向前挤，而且也没有大批维持秩序的安保人员。可以看出来，台湾社会的日常运行还是较有秩序的，并不以政党的轮替而陷入混乱，这

2014 中坜市闽南语金曲演唱会上的蔡小虎

与台湾上层建筑的乱糟糟形成反差。

台湾同学认为台湾现行制度来之不易，并说政治乱象是民主社会的正常现象，但台湾由"四小龙"龙头掉队到龙尾，一个 3.6 万平方公里大的小岛被劈成两半，这是毋庸置疑的。其实，许多民众对台湾社会的沉沦和纷乱也深感焦虑和气愤。30 年就是一代人，这卅年对大陆来说是一种成长，是一份荣耀；而这近 30 年对台湾人来说是一种停滞，是一份伤怀。与大陆不同，大陆是根本一致下有小不同，而台湾是根本对抗下的大不同。老师常说，现在大陆全力拼经济，台湾是全力搞"文革"。

第四部分：迟早的统一

一学期下来，因为大家来自不同的社会环境，所以意识形态上的冲突在所难免。我刚到台湾时去学校附近的远传电信门市办电话卡，工作人员告诉我交换生只能办预付卡（临时卡），我问为什么？她说："按规定你们'国家'的人只能办这种卡。"我一听不对劲儿，反问了一句："我和你不是一个'国家'吗？"那位工作人员倒没有再说什么。以后时间长了发现台湾人称大陆为"中国"很"流行"，有时候他们自己也分不清。

台湾同学很惊讶陆生讲话都是一模一样的，有10个人，10个会说"台湾是中国的""两岸要统一"之类的。但是台湾学生就不一样了，有人说自己是中国人；有人说自己不是中国人，是"台湾人"；有人说自己既是中国人，也是台湾人；有人说自己是"中华民国人"；也有人说自己是"华人"……台湾部分县市的居民身份证前面会加"台湾省"三个字，有一次，我对一位台湾同学说她是"台湾省"人，她说她不是，我让她拿出身份证，"台湾省"赫然在列，她狡辩说："我是'台湾人'，不是"台湾省"人。"我问她何如解释身份证，她说，身份证现在不能相信了，我笑她睁眼说瞎话。

这几年来"台独"风生水起，搞得大家误以为台湾青年都要"独立"，其实不然，许多人也是反对"台湾独立"的，不仅有来自外省家庭的同学，也有本省家庭的同学是支持"统一"的。我觉得当过了青春躁动期的小青年年龄进入一定的成熟阶段，他会较以现实和理智来思考这个问题。因为相对于老一辈台湾人，他们更有渠道、方式、机会来了解大陆，对比两岸。毕竟两岸的大环境已经发生了深刻的变化，而且现在又是信息化的时代，他们也互联网、也微信、也QQ、也LINE、也facebook……他们每一个人的身边肯定都有陆生，每一个人肯定都见过来台湾旅游的陆客，我相信这些肯定都会潜移默化地影响他们原有的意识。

所谓的"天然独"只不过是表象，对于"统独"议题，这个看似简单的二选一的单选题，对于他们来说却是一个难题。当你问他，台湾真的要"独立"吗？台湾真的能"独立"吗？靠什么"独立"？"独立"后拿什么来保证"独立"？答案很惊人，绝大多数同学包括有绿色倾向的都认为"台独"无法实现。当"台独"真的要发生的时候，很多人都知道"后果"会怎样？毕竟"台独"攸关他们自身的利益，甚至是自己的生命，谁又会拿自己的小命开玩笑呢。台湾与大陆不同，台湾成年男子是要服兵役的，一旦"台独"，战争随即而来，战场上的那个人可能就是他的爸爸、哥哥、弟弟、丈夫、儿子或是自己，甚至是全部这些人。哪个人会高高兴兴地说他要战争，而且台湾与大陆实力差距如天地般悬殊，他们也知道。"台独"是一种"理想"，更是一种实践，理念"美好"，可是能不能实现就难了，难于登天。但是极端的人总是有的，无论你的观点怎么胜过他，他总是说要"独立"，不过他可能是基于面子，实际上在心里已经疑问自己呢。"台独"是一场梦，如雾里看花、水中捞月，只可惜浪费了一代又一代人的青春年华，一朝初醒，万般皆空，梦醒亦梦碎，哎……

对于"统一"，我觉得他们有担忧，有思考，并不是完全抗拒。忧虑有二，一是"统一"后台湾现行的"自由民主制度"是否会受到压缩；二是大陆人多，经济发展不均，"统一"后是否会降低他们的生活质量，继而影响台湾人所享的福利。对于"独立"和"统一"，年轻人心里很复杂，和大陆有过接触的，都知道大陆富裕，台湾萧条，大陆强，台湾弱，差距大，美国靠不住。但感情上，一下子无法接受"统一"，毕竟两岸分裂这么久了。但理智上大家又认为台湾没有"独立"的能力和本事，当"统一"在靠近，可是情感在抵触，因此台湾人内心充满了矛盾，矛盾又不时地撞击他们，实是天人交战。对于"统一"他们是有思考的，而且台湾也算是一个商业化的社会。

在台湾光复初期史上，有位台籍党外人士，他就是"气死"傅斯年的那位台湾"省议员"郭国基先生，有这么一个故事：

有一天，我（郭国基）去拜访陈故副总统（陈诚），我说大陆有一千一百余万平方公里大（注：包括外蒙古），台湾是三万五千平方公里大，大陆是台湾的三百二十倍，大陆这么大的财产，是我们祖先和你们祖先五千年来开垦的，财产未分，大家有份，我郭国基不会那么傻，为让台湾独立，拿这三万五千平方公里，而抛弃三百二十倍的大陆，不会那么傻瓜。

……

我们常常讲艾森豪（注：艾森豪威尔）如果出生在摩洛哥，他不会有出息，他今天一定不能制霸天下。拿破仑虽然是出生在法国领土的地中海中科西嘉，如果没有发现西大陆，他不能制霸欧洲制霸天下。我们现在虽然不中用，但希望我们的子孙能够回到大陆当起拿破仑来制霸天下，能像艾森豪（注：艾森豪威尔）制霸天下。

第五部分：休戚与共

当然，两岸之间存在着误解也只是两岸现状中的一种现象，并不能代表全部，"与时俱进"也占据一定的空间。

原有"优越感"的台湾青年在往返过两岸之后，有的还是会以发展的视角来解读大陆，不仅有大陆市政建设的快速翻新，还有软体的逐步改善，而且也会加入更多的理解。再者，较之过去台商投资大陆看重廉价的劳动力、土地和广阔市场，如今也会有很多的台湾高级知识分子、科技人才和艺人"孔雀西北飞"，前进大陆寻找机会，追逐个人的理想和抱负。此外，一直以来大陆姑娘嫁台湾都是一个为数不少的群体，而今不仅是"大陆新娘"，台湾女孩嫁大陆的"台湾新娘"也悄然出现，大S、刘若英便在其中。

另一方面，"大陆入台湾"在当下的台湾也掀起一股热潮。文娱向来被认为是最有先觉和扩散性的，就像两岸还未开放年代，邓丽君的歌声就已经吹进大陆一样，如今大陆的娱乐影视也飘落在了台湾，《后宫甄嬛传》《步步惊心》《兰陵王》及《中国好声音》都吸引了不少的观众。再者，许多景区和夜市商家也会针对或扩大招徕陆客生意，而街上的ATM取款机很多就装有"银联"的标示，意味着大陆的银行卡可以直接方便地在当地交易和消费。还有，岛内的大专院校也都有专门在争取陆生的名额，出发点不仅是解决和保障本校的入学率，其实很多师生也很期待陆生的到来，他们会认为两岸学子同窗求学可以刺激和激发他们的竞争力，而且也会带来新鲜的一面，也就是他们原有意识之外的事物，他们也以此来探讨自己的"长"与"短"。

近卅年来两岸都在不断的变化中，这种双向的交流也带动双方以更及时、更现实、更准确的心理来对待彼此。

那么，两岸之间存在一定的

中原大学举办陆生文物暨美食展

误解，某种程度上是彼此不够了解，因为不了解而造成两岸人民感情的伤害是不必要的，但却影响至极，两岸深层次的交流显得尤为必要、亟须。现在两岸之间有异音也在所难免，毕竟两岸双向的交流才开放短短数年，而且目前还存在着许多的政策性限制，相信以后会逐渐地放宽。两岸各有长短，应互为学习，共勉同进。大陆重宏观，台湾重细节，两岸"休戚与共"则应是大潮流下的时代主题！

有一天，曾和一台湾同学聊起少时的歌曲《鲁冰花》，才知道鲁冰花是闽南语中的"路边花"，原来"鲁冰花"还有如此一层寓意。如同，去台湾交换一样，愿望变成现实，既有收获也有意外。台湾有她的优点，也有她的缺点。诚如古书上所言，不掩恶，不虚美。台湾先天有缺陷，后天营养不良，她虽处四围环海之地，却没有大海的深沉，急躁、盲动、浅视无需赘言。但她小巧玲珑，有她的可爱之处，"垃圾不落地"使我惊叹，博爱座让人温馨，餐后的光盘让我们汗颜。她的亮点方可借鉴与学习，她显明不藏的缺点，批评她，但不会歧视她；批判她，但不是唱衰她。

　　愿他日花开两岸柳成荫！

　　愿两岸早日统一！

　　愿两岸人民生活幸福康泰！

第六章　大师的背影

在政局混乱的民国，国家贫穷软弱，内有军阀割据，外有帝国强霸，就是在这样的国度里，一拨拨有骨气的中国知识分子试图以无形的学识来拯救这个多灾多难的民族，他们勤奋上进、博学多才而又学贯中西，他们绘画了属于他们那个时代的彩云，留下了他们深邃的足迹。在今天，他们被称作"大师"。

1949 年是中国历史上新的纪元之年，统治中国 22 年之久的国民党政权败逃台湾，对于文化人来说他们也必须做出一个抉择，是"走"还是"留"，在急促的时代潮流下，有人离开了生他养他成就他的故土，飘过浅浅的海湾到达了祖国的另一端——台湾，本篇章写的就是他们的故事。

本章通过对胡适、梅贻琦、傅斯年、罗家伦和钱穆五位文化名士在台湾的中研院、清华大学、台湾大学、中央大学以及东吴大学的遗迹的描述来回溯大师们的斜阳晚照。

哲学是我的职业，文学是我的娱乐，政治只是我的一种忍不住的新努力。

——胡适

第一节　中研—胡适—胡适之

胡适，1891 年生，字适之，安徽绩溪人。幼年的胡适有过在台湾生活的经历，他的父亲胡铁花曾任职台东直隶州知州兼领镇海后军各营（注：台东县现有一铁花村，是为纪念胡铁花）。1910年，胡适考取庚子赔款官费名额赴美留学，先后在康奈尔大学、哥伦比亚大学学习，师从哲学大家杜威。1917年，胡适归国任北京大学教授，和陈独秀、李大钊等人发起了新文化运动。之后，胡适还担任过驻美大使和北大校长。

万山不许一溪奔

1949年，胡适、傅斯年、钱穆被毛泽东点了名，他没有去台湾，而是到了美国，住在纽约东81街104号，这是他卸任驻美大使后租住过的房子，便开始了他在大洋彼岸的寓公生活。

同年11月20日，《自由中国》杂志在台北正式创刊，杂志的实际负责人是国民党人雷震，发行人是远在美国的胡适，刊名是胡适仿效二战期间戴高乐发行的《自由法国》杂志所取。在赴美的船上，胡适还草拟了《自由中国》的宗旨，目标是让中国成为"自由的中国"。

晚年的胡适很大程度上是与《自由中国》和蒋介石分不开的。对于中国的时局，胡适说："不管局势如何艰难，我始终是坚定的用道义支持蒋总统的，我这个观点是永远不变的。"1954年陷入"宪法危机"的蒋"总统"再次参选"总统"，胡适对记者表示："他十二万分赞成，他所持的理由是国家处境艰难，除蒋总统以外，没有人比蒋总统领导政府更为适当，更能有效完成反攻复国建国的历史使命。"

国民党败退台湾后，蒋介石开始排斥党内异己，加强个人的权力，而台湾岛也进入了史上严峻的白色恐怖时期。然而这个时候与胡适颇有渊源的《自由中国》杂志因批评当局，双方关系越趋紧张。1954年，《自由中国》刊登了一篇《抢救教育危机》的文章，文中批评国民党的党化教育和蒋经国的"救国团"，"今天的中学生担负的繁重则又确是事实。这个重繁不是课业的繁重，而是规定学生来念的课外东西太多了：三民主义、总理遗教、总统训辞、青年救国团发下来的必读小册子……等等，连篇累牍，念之不尽，读之不竭。……我们的教育应该是自由的教育，而不是任何一党包办的党化教育。"

蒋介石闻此勃然大怒，说，雷震那个东西，是美国武官处间谍（阮毅成听到是海军武官处），是汉奸，要开除党籍。唐纵回答雷某在"党改"时并未登记，蒋"总裁"说没有登记也要开除，于是雷震被开除出了"国民党"。

次年 4 月 1 日，《自由中国》第 12 卷第 7 期发表了胡适在纽约的读书笔记：《宁鸣而死，不默而生（九百年前范仲淹争自由的名言）》。文章说，从中国向来智识分子的最开明的传统看，言论的自由，谏诤的自由，是一种"自天"的责任，所以说，"宁鸣而死，不默而生（注：此句来自范仲淹的《灵乌赋》)"。文末写道，从国家与政府的立场看，言论的自由可以鼓励人人肯说"忧于未形，恐于未炽"的正论危言，来替代小人们天天歌功颂德、鼓吹升平的滥调。胡适已经为蒋介石的台湾当局把脉，指陈痼疾了。然而，他鼓励为言论自由宁鸣而死的精神，在接下来的蒋介石七十大寿上，让双方关系雪上又加霜。

1956 年 10 月 31 日是蒋介石的七十大寿，年年有庆祝的蒋介石不知道葫芦里卖的什么药，还下了手令，要各机关不得为其搞祝寿活动，希望报章杂志、海内外同胞"大鸣大放"，给当局提意见。然而，各单位都大摇大摆"违抗君令"大搞祝寿，国民党中央委员会还来了一个"副总统"带头的千人签名的活动，并写了寿序给总裁提"意见"，"天生圣哲，应五百年名世之征，民有依归，慰亿兆人来苏之望。维我总裁，聪明睿智，领袖群伦……"

那些年，《自由中国》也是有头有脸的人物，于是给蒋"总统"精心设计了一份厚礼，出了一期的"恭祝总统七秩华诞"的专号。身在美国的"好心肠"胡适用心良苦地赶写了《述艾森豪总统的两个故事给蒋总统祝寿》（注：艾森豪，即艾森豪威尔）一文刊登在了《自由中国》上。胡老师给蒋"总统"讲了两个故事，一个是关于艾森豪威尔当校长的，一个是当总统的。在文章的后面，胡教授还引经据典，举用了《吕氏春秋》中对国家"元首"的"三无"标准，"无智、无能、无为"，希望蒋"总统"做一个"三无元首"。

想想看，在大陆时看过军阀脸色、受过党内排挤的蒋介石唯恐权力不及，拼命地元首兼部长兼主任兼会长兼校长……怎么会当"三无总统"呢？结果这期的《自由中国》却引发了民众的抢购，再版 11 次。老人家一场高高兴兴的七秩华诞，没想到就让"我的朋友胡适之"几个人给扫了雅兴。可想而知，蒋介石有多么的不高兴，反击战打响了，"思想走私""为共匪的统战工作铺路""毒素思想""共匪的帮凶"等等扑面而来，国民党党报《中华日报》甚至鼓吹暴动，要拿棒头来教训《自由中国》。当然，在教训之后少不了"呼吁"，"坚决服从大智、大仁、大勇的革命领袖……"

蒋介石不仅不领胡适的心意，还文攻武吓，给素来不喜欢红色的胡适戴红帽子，胡适大吐血，住进了医院动了手术。

1957 年 11 月，发烧一百零三度半的胡适被蒋介石任命为"中研院院长"。来年，胡适返台，4 月 10 日，举行"院长"就职典礼，"总统"蒋介石前来捧场并致辞，蒋介石突然说，孔家店不应该被打倒，因为里面确有不少

胡适之晚年玉照（图拍摄于胡适纪念馆）

很有价值的东西。还说，共产党在大陆坐大跟五四运动提倡自由主义有关系。人人都知道胡适是新文化运动的领头羊，是自由主义大师，这不是明着批胡适吗？国民党丢了大陆，是"自由主义"的责任，这"锅"背得大了。轮到胡"院长"上台致辞，直接就是："总统，你错了。"台

下响起了掌声。"中研院院长"居然不给"总统"面子，蒋介石当场要走，被陈诚拉了一把才坐了下来，只是在胡适当"院长"期间蒋介石再也不去"中研院"了，而这件事在多少年以后仍被"中研院"的人津津乐道。

1959 年 3 月，《自由中国》第 20 卷第 6 期刊登了胡适那篇著名的《容忍与自由》一文，胡适说自己年纪越大，越觉得容忍比自由更重要，他甚至觉得容忍是一切自由的根本：没有容忍，就没有自由。11 月 20日，在《自由中国》十周年纪念会上，胡适发表了演讲，他一开头即引用夏涛声的话，说，恭喜恭喜！这个年头能活到十年，是不容易的。并说，这句话值得作为《自由中国》创刊十周年的颂词。

时间过得真快，1960 年的"总统"选举又来了，依据"法律"蒋介石不能再连任了，否则就"违宪"了。胡适这次不像 1948 年和 1954 年那样十二万分地支持蒋介石了，而是反对了，他通过张群向蒋介石提了意见：

为国家的长久打算，我盼望蒋"总统"给国家树立一个"合法的，和平的转移政权"的风范。不违反"宪法"，一切依据"宪法"，是"合法的"。人人视为当然，鸡犬不惊，是"和平的"。

为蒋先生的千秋万世盛名打算，我盼望蒋先生能在这一两月里，做一个公开的表示，明白宣布他不要作第三任"总统"。

如果国民党另有别的主张，他们应该用正大光明的手段明白宣布出来，决不可用现在报纸上登的"劝进电报"方式。这种方式，对蒋先生是一种侮辱；对国民党是一种侮辱；对我们老百姓是一种侮辱。

胡适不但"上书"反对，而且报纸也刊登了胡适的意见，对于修改"宪法"，他说："这个我坚决反对，当年我曾亲手把中华民国宪法交给蒋先生接受。今天，我希望看到它完整无缺……"对于第一届"国大"第三次会议的感想，胡适说："我仅有一句话，就是坚决反对总统连任。"当然，反对也是没用的，"宪法"照改，"总统"照坐，蒋介石连任了，并且连任到生命的最后一刻。

1960 年，蒋"总统"连任了，雷震等人要成立"中国民主党"了，对于建立反对党，胡适是希望的，雷震还曾想让胡适来做新党的党魁。结果，9 月 4 日当局以"涉嫌叛乱"罪名拘捕了雷震等人，《自由中国》停刊。

胡适没有去监狱探望战友雷震，有人批评他在雷案后的作为。1961 年 7 月，雷震六十五岁生日，胡适以诗人杨万里的《桂源铺》绝句相赠他狱中的朋友：

万山不许一溪奔，
拦得溪声日夜喧。
到得前头山脚尽，
堂堂溪水出前村。

1961 年 11 月 6 日，胡适在"亚东区科学教育会议"上发表了一篇英文演讲《科学发展所需要的社会改革》，对东方文明与精神文明予以了毫不容情的评估，这个被认为是胡适一生最后一篇引起争议与围剿的讲演，引发了徐复观、郑学稼等人的"口诛笔伐"。跳过年的 2 月 24 日，是个星期六，"中央研究院"在蔡元培馆举行第五次院士会议，中午选举了梅贻琦、任之恭等七位院士。下午，胡适对院士们说："我去年说了二十五分钟的话，引起了'围剿'，不要去管它，那是小事体，小事体。我挨了四十年的骂，从来不生气，并且欢迎之至，因为这是代表了中国的言论自由和思想自由。"下午六点半，胡适面带笑容和一些告辞的人握手，突然跌倒在地，再也没有起来。

胡适去世后，蒋介石亲自前来吊唁，并题挽联：新文化中旧道德的

要怎么收获，先那么栽

楷模，旧伦理中新思想的师表。而在 3 月 3 日的日记中，蒋介石写道："胡适之死，在革命事业与民族复兴的建国思想言，乃除了障碍也。"

胡适说：哲学是我的职业，文学是我的娱乐，政治只是我的一种忍不住的新努力。胡适曾宣布他组党了，他这个党叫作"无党无派党"，简称"二无党"，且自命是"第一大党"，比任何一党都大。对于胡适的评价，"小朋友"唐德刚说，"胡适之先生是一位恂恂儒雅、有守有为的白面书生，是不能搞政治的，因为他缺乏搞中国政治的主观和客观的一切条件"。又言，"熟读近百年中国文化史，群贤互比，我还是觉得胡老师是当代第一人！"

我的朋友胡适之

在民国文化圈有一句非常流行的口头语——"我的朋友胡适之"，大概可以说明胡适之人缘好，朋友多，名气大，胡适这个人够朋友，以能交到胡适这样的朋友为荣！"我的朋友胡适之"这句民国史上《世说新语》式的佳话，到底是谁首创的呢，本人胡适之也不知道。总之，"我的朋友胡适之"的朋友很多。

文学大师林语堂当年出国留学前和胡适有个约定，林学成归国后任教北大。期间，林因经济困难两次打电报给胡适，每次请寄给他一千元，共两千元。林语堂以为钱是公款，回国后特向北大校长蒋梦麟表示感谢，不了蒋梦麟非常惊愕，说："那是胡适之私人的钱。"这时林语堂才明白过来。林语堂在晚年的《八十自叙》中记述了这个故事，并说："我现在正式记下这件事，用以显示胡先生这个人的慷慨和气度。这件事从没有公布向外人说过。"

1962 年 2 月 24 日胡适去世了，在胡适灵堂的追悼人群中，来了一位叫袁瓞的人，他的真实身份是在台北市卖芝麻饼的小贩，而他也是胡适之的朋友。1959 年 10 月 23 日，关心政治大事的袁瓞给"中研院院长"胡适之博士写了一封信，请教英国的君主制和美国的民主制，实质上是否相同？组织上，英国的内阁制是否优于美国的总统制？本以为石沉大海的小袁，竟然收到了 10 月 25 日胡适之写的回信：

你提出的问题太大，我很惭愧，我不能给你一个可以使我自己认为满意的解答，我只能说，你说的英国制度和美国制度其实没有什么大分别。你信上叙述的那个"杜鲁门没有带走一个人"的故事，也正和丘吉尔在 1945 年离开唐宁街十号没有带走一个人，是一样的。

胡博士在信中除了解答袁瓞的问题外，还表扬芝麻饼小贩忙里偷闲，关心国家大计。几天后，袁瓞专门去中研院看望胡博士，胡适之热情地招待了袁瓞。在两个小时的畅谈中他们聊到了世界大小事件和杜威哲学。在谈话间，胡适之得知袁瓞鼻中个瘤，无钱医治，于是给台大医院院长写了一封信，信中说："这是我的好朋友袁瓞，一切治疗费用由我负担。"袁瓞临走时，胡适之还赠送了其亲笔题名的五本书，《中国古代哲学史》

《四十自述》《胡适文选》《师门五年记》（罗尔纲著）和《旋风》（小说，姜贵著）。

胡适离世后，眼睛哭得红肿的袁瓞说，"我今生今世很难再遇到像胡适先生这样的人了"。

胡适纪念馆

胡适与夫人江冬秀育有子女三人，长子祖望、长女素斐（1925年早故）和次子思杜。胡思杜没有随父母和兄长去台湾，而是选择留在大陆，不幸的是胡思杜在"反右运动"中自杀身亡。1975年江冬秀病逝后，跟胡适合葬在了"中央研究院"外的一个小山上。

在台北"中央研究院"里有一处不太大的小屋，这里就是胡适先生晚年担任"中央研究院院长"的工作和居住地，现在被整修为胡适纪念馆。胡适纪念馆分为三个部分，一是故居；二是陈列室；三是胡适墓园。

故居和陈列室并连在一起，屋舍为红砖瓦墙式的平房，庭院草木葱

胡适纪念馆

绿，三棵高高的椰子树耸入云端。缠满藤蔓的走廊直通陈列室，陈列室是 1964 年由美国美亚保险公司史带（C.V.Starr）先生捐建的。陈列室正门对的是胡适面带微笑，手执毛笔写字的照片。馆内有胡适生前的信札、公文、照片、书籍等，还有一尊胡适的半身雕像，背后的木板上刻着"要怎么收获，先那么栽"的名句。室内放有留言本，游人可以写下对胡适的心里话。

在陈列的文物里还有几件"PTT（怕太太协会）"的币章，这币章挺有意思的。胡适是出了名的惧内（胡适属兔，夫人江冬秀属虎），对于怕老婆，胡博士有自己的一番理论和研究。他说，世界各种文字的怕老婆故事，他都收藏了，他有一个发现，在全世界国家里，只有三个国家是没有怕老婆的故事，一是德国，一是日本，一是苏俄。他从收藏中得出一个结论：凡是有怕老婆故事的国家，都是自由民主的国家；反之，凡是没有怕老婆故事的国家，都是独裁的或极权的国家。能将怕老婆上升到国家和世界的高度，恐怕也只有胡教授了。

陈列室连接的是故居，故居内是客厅、胡适卧室和夫人江冬秀的卧室。由于陈列室和故居内禁止拍照，很可惜无法拍到馆内的实物。

胡适的墓地是在中研院外边小山上的胡适公园内，公交车在这里有一站就叫"胡适公园"。公园内绿树成荫，沿台阶而上，有一尊胡适先生的半身铜像，铜像是由台湾中国公学校友建立，于右任先生题写。

胡适的墓在一个台阶上面，台阶中间是毛子水先生撰写的墓志铭，刻在黑色大理石上的墓志铭是这样的：

胡适铜像（胡适公园内）

胡适先生的墓地

"这是胡适先生的墓。

生于中华民国纪元前二十一年

卒于中华民国五十一年

这个为学术和文化的进步，为思想和言论的自由，为民族的尊荣，为人类的幸福而苦心焦思，敝精劳神以致身死的人，现在在这里安息了！

我们相信，形骸终要化灭，陵谷也会变易，但现在墓中这位哲人所给予世界的光明，永远存在。

中央研究院胡故院长适之先生治丧委员会立石

中华民国五十一年十月十五日"

胡适墓不是传统的圆形墓，墓顶为长方形石块基座，石基上面是一个石碑。石碑上刻着"中央研究院院长胡适先生暨德配江冬秀夫人墓"，墓地后方的石碑上是蒋中正的题字：智德兼隆。

可能因为公园在维修的缘故，当天园内除了维修工，没有看到其他一名游客，显得有点凄冷，这与胡适之生前人人皆以"我的朋友胡适之"宣称的声势落差千里。

　　所谓大学者，非谓有大楼之谓也，有大师之谓也！

——梅贻琦

第二节　梅园—梅花—梅贻琦

　　大陆与台湾有一些大学是重名的，像两岸都有清华大学、交通大学、中山大学，她们不但同名同姓，而且历史渊源深厚。同为翘楚的北京清华和台湾清华有着共同的校名、校训、校徽、校歌和一流的实力。

　　台湾清华大学于1956在台"复校"，校址位于新竹市。校门口矗直着一白色大理石柱，刻着学校校名。校内榕树枝繁叶茂，松柏挺拔直立，有种清幽、自然之美。行政楼后面的二校门是以等比例缩小仿制大陆清华大学的校门，突然碰到还以为是到了北京。穿过二校门来到"成功湖"，

是不是想到了北京的清华大学？

八角亭上的叶公超"八极四秩"匾

"成功湖"是清华著名的景点区，流连湖畔，水光鳞波，鱼儿追逐，杨柳垂岸。步道处有一八角亭，八角亭由零八级校友（1936年毕业）于1976年捐赠，亭内悬挂着"八极四秩"匾额，并刻有叶公超的名言"和道八极，赏乐四序，颜口八极四秩盖亦谐意八级四十也"。八角亭是赏湖的绝佳位置，湖中有一岛，岛上有一亭，名寄梅亭（寄梅是清华前校长周诒春先生的字），湖边树木虽遮挡了楼房，"厚德载物，自强不息"八个字却醒醒在目。

湖边安置着石桌、石凳，可能因为是放假期间，游湖的人很多。这里的松鼠很贪玩，在树上跑来跑去，一点也不害怕身边的游人，小孩子在妈妈的陪伴下不停地给地上的鸽子喂食。湖畔有家松饼小屋，买到一个小小的松饼居然需要排队三十分钟。

游完成功湖，朝目的地梅园继续前行，走上一坡型的台阶，即见圆环状的月涵亭，亭内地板刻有清华大学的校徽。月涵亭不远处就是梅园，梅园在小山坡之上，这里安葬着清华前校长梅贻琦先生。梅校长墓地后方是繁密的松柏，前面是一处开阔的铺着大石砖的平地。墓前方种植着低矮的柏树，正上方是一睹高高的白墙，刻有蒋介石的挽词"勋昭作育"。再往下是北大前校长蒋梦麟题撰的墓志铭，记述了梅先生的一生。大理石墓碑上则刻着清华前校长罗家伦书写的碑名："梅校长贻琦博士之墓"。墓地的设计散发着强烈的庄严、肃穆、正派之气，让人顿生敬意。

小山上种满了梅树，1月的梅园，梅花盛开，游人络绎不绝，有人席地畅谈，有人游园怀古。梅园有一座石碑，上书红色"梅园"二字，题字人是书法大家于右任。梅贻琦校长生前被称"寡言君子"，而梅花的高洁、坚强品质不正是梅先生君子之风的映照吗？

新竹清华园山水相依，人文浓盛，可以说是天人合一了。梅园的梅花不仅花艳四方，香飘万里，更重要的是她是新竹清华人的信仰清泉和精神财富，也是永照光芒的灯塔！因为这里有一个两岸清华人永远的校长——梅贻琦。

梅贻琦，字月涵，1889年生于天津。早年在南开中学学习，1909年考取第一批庚子赔款留美项目，入伍斯特理工学院（Worcester

梅花盛开的梅园

Polytechnic Institute）攻读电机工程专业，1915 年回国担任清华学堂物理教师。

1930 年清华大学学生发起"驱罗"运动，5 月校长罗家伦辞职。之后又发生了驱逐校长乔万选和吴南轩事件，其中乔万选更是被师生们挡在了校门外，这就是"三赶校长"风潮。1931 年 10 月梅贻琦接任校长，清华不仅结束了动荡，而且从此走上了"星光大道"，也书写了中国教育史上的另一个传奇。受任于败军之际，奉命于危难之间，梅贻琦不仅稳定了校局，而且让清华大学取得了快速的发展和繁荣，更重要的梅贻琦的"大师论"和"教授治校"赢得了学人和同仁们的尊敬。而对于抗战时期的西南联大，梅贻琦（联大的实际主持者）认为是其一生最值得回忆的事情。

日本投降后，清华大学迁回了北京原址。1948 年底，人民解放军包围北平，是走是留，是当时许多文化人必须做出的抉择，梅贻琦选择了离开，只是这一走，便再也没有回来。

对于梅贻琦出走的原因，有一种说法是为了保护庚子赔款的清华基金。几经辗转，1949 年 12 月，梅贻琦飞抵纽约，负责管理清华基金。逃到台湾的国民党官员、民意代表及教育学术界人士，胥极关注。当年梅先生以清华为己任，认为保持此项基金，可能为将来再复清华之资源，乃千方百计，设法保持并利用。有官员为了套取这笔钱甚至说清华基金是庚子赔款的余额，最好尽量花光，等于"血洗国耻"。曾在清华任教，50 年代任台当局"外交部长"的叶公超每次到纽约都去找梅贻琦，劝他回台把基金的钱用到台湾，但梅贻琦说："我想弄一个长期的科学计划出来，不过清华的钱太少了，任何长期的科学计划都不够。这一点我还没想出办法来。"实际上，清华基金对于新竹清华大学的复校和以后的发展起过相当大的作用，并且至今润泽清华，但这目前笔基金仅拨给台湾清华大学。

1949 年国民党退踞台湾，一些大学开始在台复校，其中也包括清华大学。1955 年梅贻琦由美抵台，12 月，"行政院"组成了"国立清华大学研究院筹备委员会"，"教育部长"张其昀的和梅贻琦共同担任主席。梅贻琦开始亲自在各地寻找校地，筹措经费，购买仪器图书、建筑房舍和延聘师资。校址最终选择了离台北较近的新竹。

关于新房屋的设计，梅校长一再嘱咐建筑师，要简单节省，绝不要华丽辉煌，甚至放弃了在北平清华园后期建筑的风格与设备条件。他的理由是大学第一要件是大师（良好的教师）；其次要的是图书仪器；第三则是供应维护研究实验的费用。所以台北筹备处（后来改为台北办事处）和新竹校舍里，在梅校长任内，从未置过沙发（只有藤椅），办公室、卧房与汽车中都没有冷气的装设。这让人想起了梅贻琦 1931 年就职清华校长演说的名言："所谓大学者，非谓有大楼之谓也，有大师之谓也！"

1956 年秋，台湾清华大学第一届原子科学研究所招生开学。梅贻琦以六十八岁的高龄，从亲自打字、照料抄写蜡版、油印考卷、检齐装封、监考、阅卷、登记分数，圆满完成招收第一届研究生 15 人。吴正言（女）、沈铭梁、林多樑、林信雄、林嘉熙、张仲沄、陈以南、陈守信、乔隆文（女）、邹祖德、赵光来、蔡剑深、卢保、魏达贤、关信民（其中吴、乔、魏及林嘉熙均先有机会出国进修，未修毕硕士学程）等就成了台湾清华的第一届学生。对于学生的课业梅贻琦十分关心，他曾在日记写到"学生对于听英文讲解作笔记能力甚差，以后应令多练习"。而他本人自 10 月 8 日与研究生第一次英语谈话后，此后每周一上午均亲授英语，连续两年之久，刚开始清华学生是借助台大的教室，所以每次都是到台北的台大上课。第三届研究生中的李远哲后来还荣获了诺贝尔化学奖。

1958 年，梅贻琦在陈诚的力邀下兼任了台"教育部长"。曾有记者询问其执教与当"部长"的滋味，有什么不同？梅说，执教，教固定的一门课，教上很多年，看来是乏味的，其实不然，一班班的学生都有不同，每年的接触也不同，尤其看着一个个学生的知识有了进度，执教者的心中，就不断地产生了喜悦和趣味。而当"部长"如认为不该做的事，却不得不勉强去做，虽然做成了，却是毫无趣趣味的。梅贻琦希望在七十岁过后，辞去"部长"一职，专心为台湾清华大学原子研究所工作，而他因为毕生的精力时间，几乎都用于清华，他是属于清华的，应该在其有生之年，多为清华做一点事。1961年，梅贻琦辞去了"部长"一职。

1962年4月29日，是清华大学建校51周年校庆，梅贻琦因病无法出席，当天校园里播放了校长在台大医院里做好的录音：

诸位都看过这个学校的情形，这是比去年，比前年，都有些进步的地方。这也是清华的幸运。虽然是教职员不多，可是大家都能够通力合作，有什么问题，有什么困难，大家都是共同来解决。所以能够有今天的这种情形。就拿去年的原子炉落成——差不多就是一年以前——的时候来说，也是大家合起来努力做成的。而且这过程当中，竟然没有遇到什么特别的困难，或者意外的纰漏，这也是学校里边很幸运的事情。将

梅贻琦先生墓地

来呢，我也仍旧期望大家通力合作，向前去进展。

1962 年 5 月 19 日，梅贻琦病逝于台大医院，享年 73 岁。梅贻琦去世后，新竹清华大学将原子炉实验馆命名为"梅贻琦先生纪念馆"，梅贻琦的墓地遍种梅花，称"梅园"。梅园在学校西南区山坡上，此地倚山面水，居高临下，远眺大陆海天一片，俯视全校，历历在目。一生服务于清华大学的梅贻琦永远地离开了清华，但离去的只是他的肉体，而他的精神永远照射在清华园——台湾和北京。

梅贻琦病故后，蒋介石特颁"勋昭作育"的挽额；"副总统"陈诚挽联：崇朴学以黜浮华，实大声宏，盛绩久为文苑重；树良规而垂教泽，薪传火尽，遗徽犹系国人思。曾任清华大学工学院院长的顾毓琇称赞，梅贻琦博士是一位"伟大的圣哲"，终身从容奋斗，在谦让中赢得成功！清华七级旅台同学挽诗：一湾清华水，千秋师表魂！

大凡有成就的人，都是有个性的人。梅贻琦，有喝酒、吸烟和玩麻将的兴趣。黄季陆盛赞，梅贻琦先生是我所仅见的能饮而最具酒德的一人。他从不向人求饮，可是谁向他敬酒，无不有求必应，数量的多少完全由对方决定，从来不予拒绝。他酒量之大，饮酒态度之雍容有度，安详而不任性，可以说得上是酒中的圣人！梅贻琦除了酒量好，性格的沉默寡言大概是他最鲜明的特征。在梅贻琦七十寿诞上，胡适讲了一个故事，说，梅博士第一个优点是"不说话"，除非喝酒喝到七八成，才打开话匣子，但所说的，亦是寓意深刻的幽默话。有一年，梅博士在北平遇到另外一位也是以"不说话"著名的山东大学校长赵太侔，二位先生面对面，都不是说话，共抽了一百廿支香烟，然后互相握握手，分别而去。

梅贻琦生前曾说："生斯长斯，吾爱吾庐"。有人说梅贻琦一生只做了一件事，那就是用一生来服务清华，贡献于清华，并辉煌清华！虽然他已离去半个世纪，但他却是两岸清华永远的校长！

贡献大学于宇宙的精神！

——傅斯年

第三节　傅园—傅钟—傅斯年

在大陆，无人不知北京大学；在台湾，无人不晓台湾大学。台大是台湾规模最大、实力最强的综合性大学，其地位无校匹敌。台湾大学建于 1928 年，原名台北帝国大学，是当时岛内唯一一所大学，光复后，改名"国立台湾大学"。自建校以来台大为社会培养了大量的业界精英，李敖、白先勇、李远哲、周华健、苏有朋、李登辉、陈水扁、马英九、蔡英文等都曾受教于斯。"来来来，来台大；去去去，去美国"，是无数台湾学子的梦想。

位于台北市的台湾大学，周遭是热闹的商圈，交通很便利，既邻地铁口，又有 YouBike 停放点，骑自行车逛台大是一个不错的选择。台大的校门看上去并不高大上，外形酷似个小碉堡。进入校内，是一条端直的马路，路的两边是高高的、直直的顶个绿帽子的椰子树，这就是有名的椰林大道。漫步校园，红砖腰身，楼层矮落，像独家小院的楼房给人一种古朴、简约、内养、庄重的视觉感观，印象亦深刻，现在她们多属"古迹"。

图书馆是人来人往之地，前面是一块草地，有即将步入婚姻殿堂的伴侣在此拍摄婚纱照，女士白纱曳地，男方革履西装，搭配古色古香的图书馆一派诗情画意。游人、学生、情侣散坐在图书馆前，聊天、看书、手机、脚踏车、发呆，生活的惬意在这里找到归宿。如此优美的情境让人不由自主联想起了台大的风云人物，殷海光的无畏、余光中的乡愁、李敖的长袍、更传奇的是这里闪烁着傅斯年先生的绚烂晚照。

到了台大怎能不去看傅园呢，傅园是台大老校长傅斯年的长眠之地，

椰林大道

也是台大"十二景"之一。傅园占地约 7000 平方米,植百余柱乔木,园中有高峭的椰树,遮天的榕树,还有万古长青的柏树,傅园静身其中。可以看到一喷水池,水池往后是耸立的无字尖碑,再后面是斯年堂,斯年堂是仿希腊帕提农神庙式的十六根圆柱建筑,这里就是傅斯年的墓地。傅钟在傅园的不远处,傅钟也是台大校徽的标志物,傅钟看上去有些锈斑,不同的是它有 21 响,这源于傅斯年先生的哲言:一天只有二十一小时,剩下三小时是用来沉思的。老校长似乎时刻提醒着台大师生们合理分配时间来学习、生活和思考人生。

傅斯年曾引用过斯宾诺莎的一句格言:我们贡献这个大学于宇宙的精神。几十年来台大师生视傅园为台湾大学的精神象征和无上的骄傲,傅园亦是喜欢游行抗议的台大学子的"取暖地"。一位校长离世后能安葬在生前的校园,足见其生前的功德,那就让我们走入傅斯年的历史吧……

傅斯年,生于 1896 年,字孟真,山东聊城人。1913 年考入北京大

傅园

学预科，在校期间，与罗家伦等人发起组织"新潮社"，出版《新潮》杂志，与《新青年》相辉映。五四运动期间，傅斯年被推举为天安门游行总指挥，一战成名。1928年傅斯年负责创建了中央研究院历史语言研究所（简称史语所），并担任所长，其提出的"一分材料出一分货，十分材料出十分货，没有材料便不出货"和"上穷碧落下黄泉，动手动脚找东西"的治史原则影响深远。抗日战争期间傅斯年担任了国民参政会参政员，以一介书生扳倒两任"皇亲国戚"兼行政院长的孔祥熙和宋子文的事迹广为流传，时人相赠"傅大炮"！之后，傅斯年又担任了北大代理校长。

1949年1月，傅斯年受台湾省主席陈诚之邀出任台湾大学校长一职，原本犹豫的他几经考虑后还是不负好友的盛情。此时的台大正处于不稳定阶段，三年换了三任校长。

傅斯年接任台大校长一职后开始整顿和改革校务，他要将台大建成一所合乎理想的学术机构，傅斯年认为："大学的任务有三项，一是教育的，二是学术研究的，三是事业建设的，三者有不可分性。"在台湾大学第四次校庆典礼上，对于办大学的目的，傅斯年指出："办大学为的是学术，为的是青年，为的是中国和世界的文化，这中间不包括工具主义，所以大学才有他的自尊性。这中间是专求真理，不包括利用大学作为人挤人的工具。"在这次演讲中他对学生们提出了四点希望和要求，即敦品、力学（后改为励学）、爱国、爱人，这四点就是台大现在的校训。

傅斯年先生玉照（图拍摄于"中研院"傅斯年纪念室）

为提高学校教学质量和学校的名望，傅斯年利用兼任中研院史语所所长的特殊条件，聘用了研究所的一些专家学者到台大教课，如李济、董作宾、凌纯声等。同时又从大陆各地罗致和吸收了一批知名学者，如历史系的方豪、陶希圣，中文系毛子水、屈万里，哲学系方东美，外文系英千里、赵丽莲，化学系钱思亮等等。为了严肃考试，傅斯年首创考试印题"入围"制度，1949 年台大新用考试"入围"印题，借用台大图书馆一隅之地，封得严严的，既无纱窗，更谈不上冷气设备，在七月溽暑的天气，实在难耐，当时主持围场的教授林耀堂甚至不得不带氧气进去。而当年贴在校长办公室门口，用毛笔正楷写在台大用笺上的："有为子女入学事说项者，请免开尊口，傅斯年。"让很多当时人记忆深刻。

傅斯年"爱才"是出了名的，1950 年台大招生，医学院有一名洪姓

台大图书馆

新生入学成绩，数学、物理几近满分。傅校长拍电报询问来台大报到时日，并在台北火车站欢迎，请其晚餐。台大校长在火车站接学生，恐怕亦是前无古人，后无来者了。傅斯年常说，学生是他的儿女。他曾指定几间校内空气好的房子给有肺病的同学做疗养室，派工友服侍，病重者准许休学，公费照发，病轻者准许退选一部学分。另外学校每个月赠给每位同学奶粉两罐、鱼肝油两瓶、菜金三十元，其他校内福利，肺病的同学皆有优先权。傅斯年常在中午返家时，探视各宿舍和查看学生的伙食，他一进餐厅，男生必高呼欢迎校长，女生则拥到他身旁。

傅斯年生平最恨贪污，当年他不畏权贵，连续揭发两人行政院院长孔祥熙和宋子文直至下台。不幸的是，在他任职台大校长期间，发生了台大总务处保管组股长杨如萍、校警室队长周哲夫及一员校警等伙同他人盗窃"教育部"委托台大保管的科学仪器的案件。事发后，傅斯年精神受到很大的创伤，校内三犯皆由傅斯年亲自侦出押送刑警总队。杨案的公文稿，很多都是傅斯年亲自撰拟，文字之长有的达万字以上。对于校园腐败，傅斯年还发过启事，盼众人监督，以正风气。

本校一切购置及经手银钱事项，如在校各位先生、各位同学、各位工友有人发现有作弊之情事或企图者，无论事出于何人，请立即直接报告给我，至感至感！总之，本校于本学期内务必肃清一切不规则之事件。盼本校全体协助。

1949 年正是中国大动荡时期，台大发生了"四六事件"，军警闯入校园逮捕师生。校长傅斯年多次亲自跟国民党当局交涉，要求没有确凿证据不能随便捕人，即使有确凿证据逮捕师生也必须经校长批准，并且定为一项制度，他甚至警告黄埔五期生、台湾警备副总司令彭孟缉："若有学生流血，我要跟你拼命！"彭不得不保证："有人流血，我便自杀。"

虽然傅斯年一生与国民党的关系也是扯不清断不开，但其不仅拒绝加入国民党，也劝他的老师胡适看清蒋介石的面目，"（蒋介石）借重先生，全为大粪堆上插一朵花……当知此公表面之诚恳，与其内心之上海派决不相同。我八、九年经历，知之深矣……一入政府，没人再听我们的一句话！先生是经验主义者，偏无此八年经验，故把我们政府看得太好，这不是玩的。"所以，傅斯年始终在蒋"总统"面前还能保持着不卑不亢的气质。1950 年 7 月 31 日，盟军统帅麦克阿瑟访问台湾，蒋介石亲率"五院院长"和"三军司令"到机场迎接，台大校长傅斯年应邀陪同，在机场贵宾室，傅斯年与蒋介石、麦克阿瑟三人同坐沙发，其他军政大员均站立其后，坐在沙发上的傅斯年则跷着二郎腿、叼着烟斗，吐着烟圈。有报纸写道：在机场贵宾室，敢与"总统"与麦帅平座者，唯傅斯年一人！

此时的台大校务繁杂加上傅斯年本来即染病在身，他的身体已无法承受巨大的负荷。1950 年 12 月 20 日，傅斯年在"台湾省参议会"接受"省参议员"郭国基（外号郭大炮）的质询时突发脑溢血病逝于议场，享年 55 岁。21 日，台大降了半旗，并停课一天。傅斯年过世后，报纸将

"省参议会副议长"李万居的"弃世"误载为"气死",见报后的台大学生群情激奋,手持"痛失良师"的旗帜,包围"省参议会",誓言"打死郭国基,为老师报仇"。

傅斯年走得突然,并未留下半句遗言,以下是"台湾省参议会"档案中关于郭傅两人的质答记载:

郭国基质询:一、台大的秀才教育希望改善?二、联合国所赠送与台大的教育器材遗失甚多,请追究责任,并将是项器材分配各校应用?

傅斯年答复:一、台大失窃一案情形极为复杂,此项器材并非联合国赠送,乃战后教育部及经合署经教育部分配与台大使用,此批器材在上海时已损失不少,再由上海运来台湾,经过情形亦相当复杂,现此批失窃器材已追回百分之八十左右,损失不及美金一万元,至详细情形请郭参议员假时到台大面谈。二、所谓台大秀才教育一节殊堪玩味,我个人认为改入台大者水准并不十分高,我认为进大学目的在使其真正受到

傅斯年的烟斗(图拍摄于"中研院"傅斯年纪念室)

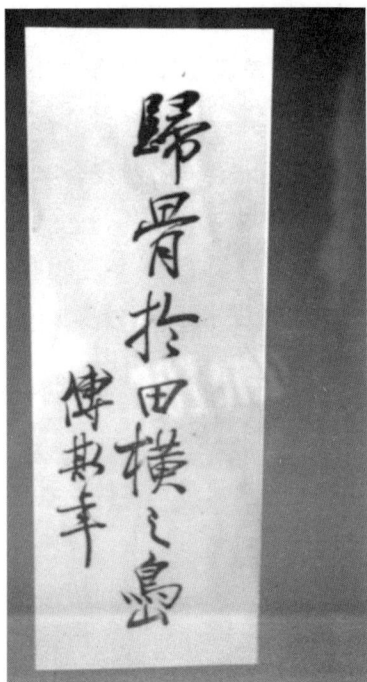

傅斯年曾为台大黄得时教授赠字：归
骨于田横之岛（图拍摄于"中研院"
傅斯年纪念室）

傅钟

益处，否则仅有文凭亦无用处。

在场的谢东闵对当日的情形如此回忆，"傅校长答复有关科学仪器问题时，显得特别激动，他的声音由大而小，也许他的身体已经出了问题。答复完毕，勉强走回座位，将要坐下，身体向我（谢东闵）倾倒。他临终所说的：'I am too……'究竟想说什么？我想，他大概想说：'我太累了。'"

傅斯年曾为台大中文系黄得时教授赠字"归骨于田横之岛"。没想到一语成谶，台湾竟成了他人生的落叶处。傅斯年虽壮年离世，但他因教育而牺牲，不失为文化人的最好归宿。他执掌台大校长仅仅 700 余天，却奠定了日后台大发展的基础，成为台大史上最受尊敬的校长，他留给台大的不仅有山木动容的故事，正气方刚的历史，还有永远闪烁光芒的精神和人格，一个有故事的大学才是最可爱的。

对于学生傅斯年，胡适说："孟真是人间一个最难得最稀有的天才。他的记忆力最强，同时理解力和判断力也最强。他能够做最细密的绣花针工夫，他又有最大胆的大刀阔斧本领。他是最能做学问的人，同时又是最能办事又最有组织才干的天生领袖人物。它集中人世许多难得的才性于一身。有人说他的感情很浓烈，但认识他较久的人就知道孟真并不是脾气暴躁的人，而是感情最热，往往带有爆炸性，同时又是最温柔最富于理智的人。像这样的人，不但在一个国家内不容易多得，就是世界上也不容易发现有很多。而陈寅恪称赞傅斯年："天下英雄独使君"！

傅斯年去世后被安葬在了台大校园内，取名傅园，校内置钟一口，名傅钟。

我们抗战是武力对武力，教育对教育，大学对大学，中央大学对着的是日本东京帝国大学！

——罗家伦

第四节　中大—志希—罗家伦

在交换期间有幸参观台湾各地的高等学府，桃园的中央大学便是其中一站。1949 年后，位于南京的中央大学被拆分易名。1979 年，中大于台湾正式复名。中央大学地处桃园市中坜区，现有学生 13000 人，是一所研究型综合大学。

来到中大，首先看到的是那个气派的门楼（又称中大凯旋门），门楼中央刻着校名。门楼与正门之间有条笔直的马路称"中大路上",是中央大学的十景之一。直入眼帘的是远处楼层顶端的"中央大学百年校庆NCU100"的图案,顺沿大道前进,路势慢慢升高,要进入校内,必经一个立坡式的椭圆形大草坪,草坪上有用草木修剪成的"中央大学"四个大字,道路沿着大草坪两边开设。这个大坡很有景观,入校是上坡,出校是下坡,由于台湾学生都是骑摩托车,骑车下坡时有很多同学速度快,加上路是椭圆形需急转弯,那车子就会弯倒近乎贴地,这个景象很像开赛车,实又为中大一景。中大在一个不太陡的山坡上,站在学校正门口可以远眺中坜市区,有居高临下之感。

进入校门,正门旁边立一座白色顶天的柱子,校名镌刻其上,白柱子后面上书"中大在台建校纪念塔",纪念塔下面有一块碑文记载了中大在台湾的复校情况。中大校内苍松并立,枝叶繁茂,绿荫成道、安静清幽。"松"是中大的精神象征和追求,涵四季常青、屹立挺拔之意。学校的西北方向有一湖,名曰:"中大湖"。"中大湖"是仿在大陆时期中大后湖玄武湖所建,不时可以看到有师生来此散步!

由于中大是"复校",不像台大、台师大校内保留有一些古建筑,中大的建筑基本上都是现代所建,其中有几栋比较特殊的,以人名命名的楼房。中正图书馆,与前中大校长蒋介石(1943年—1944年)有关;国鼎图书资料馆,是为纪念校友、台湾前"经济部长"李国鼎;健雄馆,是以校友、著名物理学家吴健雄的名字命名的。校内还有栋看似普通的"志希馆",是管理学院大楼,楼上面的"志希馆"三个金黄色大字由前"总统"严家淦题写,落款时间是1985年。志希馆究竟有什么特别之处呢,竟由严家淦亲自书写呢?志希是一个人的字,他就是中大校长罗家伦先生,罗既不是中大的第一任校长,也不是中大在台复校后的校长,但他却是"中大之父",创造了中大曾经的辉煌!

罗家伦,生于1897年,字志希,浙江绍兴人。罗家伦曾在复旦公学学习,1917年考入北京大学。当年北京大学胡适老师在参加招生阅卷时

志希馆（志希是中大之父罗家伦先生的字）

发现一篇极其出色的作文，毫不犹豫地给了满分，并希望学校能够录取这名同学，然而这名同学的数学居然是零分，其他科目也平平淡淡，最后在胡适和校长蔡元培的争取下破格录取这位名叫罗家伦的学生。

1919 年，巴黎和会中国外交失败的消息传回国内后引发学界哗然，5 月 4 日，北京数千名学生在天安门集会游行，北京八校同学推北大起草一个宣言，北大同学推罗家伦执笔，于是罗家伦临危受命，仓促之间写下了《北京学界全体宣言》：

外争主权，内除国贼，中国存亡，就在此一举了！今与全国同胞立两个信条道：

中国的土地可以征服而不可以断送！

中国的人民可以杀戮而不可以低头！

国亡了！同胞起来呀！

中大路上

　　"五四运动"是中国近代史上的转折点，而罗家伦、段锡朋、傅斯年等人也一战成名，据说"五四运动"的名字也是罗氏所取。

　　1930年10月，中央大学校长张乃燕辞职后，中大迎来了动荡的时期，此时中央大学的学潮一次高过一次，几任校长都由于学生的反对或其他原因而辞职，甚至发生过学生殴辱校长段锡朋事件，中大也一度被当局解散。直到1932年8月罗家伦就任校长后，易长风波才平静下来，而罗的到来也开启了中大的"黄金十年"。

　　在十月份的全校大会上罗家伦做了《中央大学之使命》的就职演说："我认为办理大学不仅是来办理大学普通的行政事务而已，一定要把一个大学的使命认清，从而创造一种新的精神，养成一种新的风气，以达到一个大学对于民族的使命。现在，中国的国难严重到如此，中国民族已临到生死关头，我们设在首都的国立大学，当然对于民族和国家，应尽到特殊的责任，就是负担起特殊的使命，然后办这个大学才有意义。这

站在校门口俯瞰中坜市区

种使命，我觉得就是为中国建立有机体的民族文化。"同时，罗家伦提出了用"诚朴雄伟"来勉励师生以养成新学风。

于是，罗家伦开始了大刀阔斧的改革，就像在清华大学一样，他大力延揽知名学者专家，中大可谓名师荟萃、群星闪耀，如方东美（哲学）、宗白华（美学）、张大千（艺术）、徐悲鸿（艺术）、李叔同（艺术）、胡小石（中文）、汪辟疆（中文）等等。罗家伦说："聘人是我最留心最慎重的一件事。我抚躬自问，不曾把教学地位作过一个人情，纵然因此得罪人也是不管的。"

经过一番的努力，中大不但安定下来，而且走上了正轨。抗日战争爆发后，日军进攻南京已是箭在弦上，中大被迫西迁。在西迁过程中，流传着一个很感人的故事。中大牧场有一批良种牲畜无法一起运到重庆，校长罗家伦离开南京时告诉管理牧场的职员王西亭，留下的动物你可以权益处理，能迁则迁，或卖或杀，都不怪你。但是大家认为牲畜是学校的财产，没有它们学生就无法做实验，更不能留给日本人。王西亭和留下的老师决定将这批家畜运到后方，于是他们把鸡笼、鸭笼、驮于牛、猪背上，开始了万里长征。他们每天只能走十几里路，甚至走一两天歇三五天，一路上他们不但要忍受寒暑的侵袭，风雨的肆虐，还有日军的追击。一年后，罗家伦进重庆城时看见了王西亭和他们学校的动物，那情景如骨肉别离后重逢一般，悲喜交集……这就是一种精神，一个大学的精神，一个民族的精神，因为有他们，中国的抗战不胜利是没有道理的！

当中国的将士们在战场上以鲜血抵抗日本侵略的时候，知识分子没有置身事外，他们有着同样的愤怒、热血、民族责任感。罗家伦曾对中大人讲过一句很有气势的话："我们抗战是武力对武力，教育对教育，大学对大学，中央大学对着的是日本东京帝国大学！"抗战中，罗家伦那部日后多次再版的作品《新人生观》问世，书中的"弱是罪恶，强而不暴是美"一文更是传咏的名篇，时至今日，读来仍不乏激励启发之感。弱是罪恶有三：一是贼天之性，对不起天赋的一切。二是连累他人。三是纵容强者作恶。世界上多少罪恶，都是弱者纵容强者的结果。强者有三个基本的条件：第一要有野蛮的身体。其次，要有文明的头脑。再次，还要有不可征服的精神。然而强要不暴，强而暴就失去了强的意义，就不美了。一个大学的真正意义并不在于它游走于象牙塔里的高深，能将国家的、民族的命运与一所大学的责任连接起来，荣辱与共、同生共兴，这需要多么大的勇气、智慧和高度。一个完整的人并不只是追求体格壮硕的强人外形，而是强弱有分，强弱有理。一个人是这样，推及一个国家和民族亦是如此。

1941 年 8 月，抗战还未胜利，罗家伦便辞去了中央大学校长一职。在他担任这十年校长期间，是他人生最得意、最亮眼的里程，而这十年又是百年老校中央大学最辉煌的十年。那时的中大是全国院系最全，规模模最大的高等学府，"北北大，南中大"的美名广为流传。

中大校园一角

　　1941 年罗家伦步入政坛，受任中央设计局西北建设考察团团长、监察院新疆监察使。在西北考察期间，罗家伦写过一首赞美青海风貌的诗歌：

　　青海青，黄河黄，更有那滔滔的扬子江。雪白白，山苍苍，祁连山下好牧场。好牧场，一片汪洋。这里有成群战马，千万牛羊。马儿肥，牛儿壮，羊儿的毛好比雪花亮。中华儿女，来罢，来罢！拿着牧鞭，骑着怒马，背着刀和枪，随便奔跑在这高原上。我们更不能忘，这伟大的昆仑山，我们的祖宗就在这里发祥！……

　　之后，罗家伦又担任了国民党政府的末代驻印大使。1950 年罗抵达台北后，又相继任职国民党党史会主任委员、"考试院副院长"和"国史馆馆长"。1953 年，罗家伦受聘"教育部"简体字研究委员，因提倡简化字，引发了一场简繁论战，遭到各方的围剿。罗认为文字为传达思想之工具，必须合乎时代要求，配合生活环境，故文字并非一成不变之物，如始终墨守旧字，则文字必将不适用，而至"绝命"。1954 年 3 月，罗家伦发表《简体字之提倡甚为必要》，引起了更热烈的讨论。

　　接踵而至的是反对的声浪，潘重规认为简体字不科学，坚决反对。胡秋原在《新生报》发表《论政府不可颁行"简体字"》一文认为，中国语文是中国民族最伟大的最基本的财产，应当研究，这是大事并非急事，而且全世界著名的语文学者多数认为中国语文是世界最进步的，并不"原始"。同时，"立法委员"廖维藩等 106 人以"为制止毁蔑中国文字破坏传统文化危及国家命脉"为由提案制定文字制定程序法以固国本。更甚是，罗的"简体字运动"被攻击是和大陆的文字改革"隔海和唱"，"白色恐怖"年代戴了"红帽子"是会要命的，所以简化字倡议在台湾也只能黯然落幕。不过，当时《联合报》做了一项调查，有 7315 人赞成简体字，主张简体字可以推行但不必法定或统一的有 5358 人，反对简体字的是 4807 人。

1957 年 6 月，罗家伦开始担任"国史馆馆长"。朋友劝他应珍惜晚年的精力，留下时间写回忆录传世，罗说："应该倾注全力给国史奠基础。"罗家伦病倒之前一直自带便当盒饭上班，有人劝他不宜这样俭朴，他却说："读书人应该如此"。1969 年 12 月 25 日，罗家伦因病辞世，享年 73 岁。

罗家伦，少年成名，中年得志，余生涉政，但始终都不是国民党权力圈的核心人物。在诡异的官场，"五四式的文化人"罗家伦注定只是政治河流中的一粒沙石，也只能是一个失意的过客。他不像老师胡适、好友傅斯年虽关心政治，但拒绝加入国民党并保持距离，一生都游走于学术田地，反而留下了一席美名和永恒的坐标，回望罗家伦的一生，他最幸福的时光可能反而是"炸弹下的中央大学"。

……站在志希馆前不由自主地陷入了历史的长河。眼前的志希馆虽然只是一栋普通的教学楼，想必对于中央大学而言意义非凡。中大环境清幽静谧，是做学术的好地方。夜晚的中大显得黯黑和静寂，人少。中央大学地处人流稀疏之地，有"美食沙漠"之称。虽然是"沙漠"地带，但在学校后门也有店家几处，与朋友在此聊天品茗，畅谈古今中外，倒也是美事！

你是中国人，不要忘了中国！

——钱穆

第五节　东吴—素书—钱宾四

他只受过中学教育，却执鞭北大，桃李满天下。他生于激进的变革时代，却坚守传统。他相貌朴素，却名流千古。他是香港新亚书院创办人，他是"中国最后一位国学大师""中国二十世纪最伟大的国学大师"。他1949年远走香港，1992年归葬大陆故土，他就是一代硕儒——钱穆先生。

位于台北市的钱穆故居坐落于阳明山下，东吴大学外双溪校区内。东吴大学是1900年由基督教会在苏州设立的私立宗教大学，1949年国民党败退台湾后，于1954年在台北复校。从校门而入顺延道路往前走，路的旁边是一条清澈的小溪，时有白鹭饮水溪上，不长的时间上一个小坡就到了钱穆故居。红色大门倒是醒目，左扇门上书"素书楼"三字，

东吴大学一角

钱穆故居大门，左扇门书"素书楼"三字

故居为二层红砖砌身，红瓦盖顶的独栋小洋楼，房子周围树木葱郁，鲜花装扮，房舍隐身其中，据说这里的花花草草都为主人生前亲手栽植。

20世纪60年代，钱穆迁居至此，并将小楼取名"素书楼"。花园前有一块牌子，介绍了素书楼名字的来由，原来素书楼的背后有着一段感人的故事，钱穆17岁那年夏季得了伤寒病，误服药物，几乎不救。钱先生的母亲朝夕不离他身旁，晚上在先生床上和衣陪眠，前后七个星期，幸而痊愈，使之重生，这也成为钱穆一生中对母亲养护之恩最难忘怀的一件事。钱穆在取得外双溪住宅后，命其"素书楼"，就是纪念母亲当年在无锡七房桥五世同堂第二大厅素书堂的养育之恩。

故居房屋内摆设着钱穆夫妇生前的桌椅、书籍、家具、照片等，里面挂有多幅字书，既有钱老所书，也有他人所写。"一代儒宗"的字书是老友张其昀所赠。一楼的客厅挂着朱熹所书的对子"立修齐志，读圣贤书"，横批"静神养气"，这倒是像钱穆一生的缩影。二楼一侧是书房，

晦翁，即宋代大儒朱熹

另一侧是钱穆与夫人胡美琦的卧室。卧室床铺两张，墙壁上挂着钱先生与夫人的多张合影。书房展出有钱老的重要著作《朱子新学案》《先秦诸子系年》《国史大纲》等，可谓著作等身。窗户旁边的墙壁上贴着钱穆先生的年谱简表，从头及尾，钱老的一生浮跃纸上……

钱穆，生于1895年，字宾四，江苏无锡人，18岁即开始教书生涯。1930年因发表《刘向歆父子年谱》，只有中学学历的钱穆被聘为燕京大学国文讲师。之后钱穆又在北京大学和西南联合大学等校执鞭任教。期间，出版了《老子辨》《先秦朱子系年》《中国近三百年学术史》《国史大纲》《中国文化史导论》《孟子研究》等多部重要著作。

1949年钱穆没有去台湾，而是南下香港，创办了新亚书院。新亚书院成立后，因为经费的问题，钱穆经常往来于港台两地，1952年钱穆在淡江大学演讲时，突然屋顶水泥块掉落击中钱穆头部，受伤住院。钱穆于台中疗养期间，在台中师范学院图书馆任职的胡美琦女士常前来照顾钱穆，胡美琦是新亚书院的学生，一来一往，两人碰出了爱情的火花并喜结连理。钱穆晚年的生活和工作即是由胡美琦女士一直照料协助，日子倒是幸福！

也就是在钱穆病伤台湾的这段日子，还在上高中的李敖在同学徐武军（徐复观之子）的介绍下见到了大名鼎鼎的学者钱穆。李敖向其请教治国学方法，钱穆说并没有具体方法，要多读书、多求解，当以古书原文为底子，免受他人成见的约束。书要看第一流的，一遍又一遍读。与其十本书读一遍，不如一本书读十遍……选书最好选已经有两三百年以上历史的书，这种书经两三百年犹未被淘汰，必有价值。新书则不然。新书有否价值，犹待考验也。

钱穆与夫人胡美琦（图拍摄于钱穆故居）

后来，高中生李敖还写信质疑大师钱穆书中的错误，钱穆倒是豁朗，还鼓励李敖继续上进。虽然多年后，主张"全盘西化"的李敖走到了"儒学大师"钱穆的对立面并且批判其与蒋介石的关系，还说，老师进步（指钱穆的老师吕思勉），学生落伍，是一件怪事！但李敖对钱亦有感怀之言，"在我少年时代，他曾经被我心仪、曾经热心指导过我、帮助过我，这种老辈风范的人物，对'现代史'的人来说，真是'上古史'了"。

1963 年，新亚与崇基、联合三书院合并组建新的大学，对于校名有人提议命"中山大学"，也有"九龙大学"，其他尚有多名，久不能决，最后还是钱大师说，不如迳取已用之英文名直译为中文大学，这即是今日的香港中文大学。对于"取名字"这门学问，钱穆颇有见地，往往当别人众说纷纭之际，他会来一个扭转乾坤，一锤定音又很是成功的答案。

当年燕京大学校园有一湖，景色绝胜，竞相提名，然而都不适合，最后还是燕大老师钱穆说话了，既然这样就叫她"未名湖"吧，北京大学的"未名湖"就这样诞生了。以今日北大"未名湖"和香港"中文大学"的名气来看，钱穆不愧是大师矣！

1967年钱穆移居台湾，开始了他人生的最后一个落脚点。蒋介石赠送钱穆台北房子一处，钱将之命名为"素书楼"。一生执教的钱穆定居台湾后并未放下教鞭，于是在素书楼的教室里又想起了钱老师讲课的声音，钱先生讲课总是神采奕奕，令人向往。孺慕者自远而至，长年相随。有门生一连听课二十年，从学生听成教授，又带学生来听课，师生如家人相亲，曾有"五代同堂"之盛况。

传统文化是钱穆的标签，也是他授课的主轴。素书楼弟子回忆，钱先生上课最常举论孟学庸来说明道理，尤其是论语，钱穆说其一生读书，最主要的就是论语，最用功的也是论语，不读论语，其他书不会读。还说不读论语，则中国人不会做中国人。又说他一辈子做学问，最佩服的，

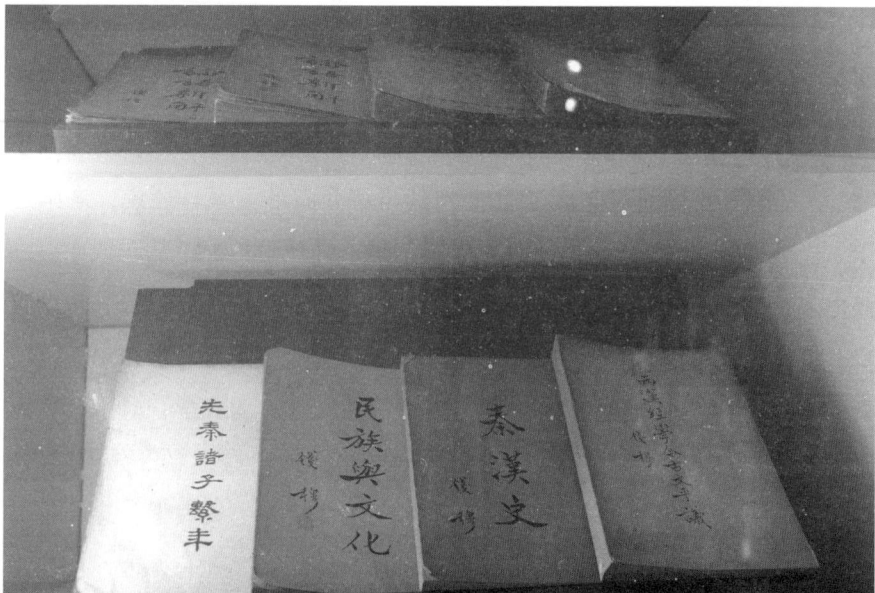

钱穆先生著作等身（图拍摄于钱穆故居）

想学的就是孔子。钱穆读儒家的书，做儒家的人；也要学生读儒家的书，做儒家的人。钱穆认为他一辈子教书，不是教知识，而主要在教一个为人处世之道。他说，读书在于做人，读书在于做少数人！在 80 岁高龄时，钱穆完成了《孔子传》。

对于学生做学问，钱老师有自己的经验和独特见解。某日，有学生问钱穆："吾硕士论文为何，今考入博士班，当更宜以何题目为论文乎？先生有何建议？"钱听后斥曰："这怎么可以问我呢？这应当问你自己呀！做学问，当切就自己性之所近而为之，这是自家事，你自己应该最清楚，岂可不清楚，岂可问别人？"闻者皆警。

晚年住在阳明山下的钱穆与住在阳明山腰的文学大师林语堂成了好朋友。1976 年林语堂过世后，钱穆心有伤悲。钱穆说，"外国人不论美、欧，乃及其他地区，多有对中国另眼相看的，他们约略知道，在此世界，有此中国和中国人之存在，语堂长期在美的一系列成名新著，总不得谓其无影响，而且在国外为中国和中国人留此影响的，除语堂一人外，纵不能说其绝无，而语堂一人，也几可说近似于仅有了"。钱夫人胡美琦曾忆及，宾四因语堂先生的去世，而连带思念及他那些留在大陆不知死生的老友。又为语堂先生晚年心多郁闷以终而感叹，也为生在那个时代有志难伸的学人而悲痛。

1986 年 6 月 9 日，钱穆在素书楼为学生们讲授教学生涯的"最后一课"。钱穆从 1912 年 18 岁担任无锡秦家水渠三兼小学教师起已整整 75 年，消息一出轰动台北城，一时间各界人士纷纷涌向了素书楼。在讲课结束的时候，钱老师说："我劝诸位你们

钱穆与林语堂合影（图拍摄于林语堂故居）

不要忘了自己是一中国人，这是一切大本大源之所在。第二点，要根据这本源来规定自己学问路向，来改良社会风气。"这就是钱穆留给学生们的最后一句赠言，讲完这句话，钱穆挥挥手走下了一生所熟悉和挚爱的小小讲台。

素书楼是钱穆晚年的栖息地，没想到却变成了是非之所。素书楼本是蒋介石所送，可是时过境迁，台湾解严后民进党崛起，国民党的威权受到挑战。民进党人批评钱穆占用台北市政府财产，时任"立委"的陈水扁要求市府尽速收回公产，并以"侵占市产"为名批判钱穆。1990年8月30日，96岁高龄的钱穆在素书楼居住了23年后，无奈地搬家离开。三个月后，一代鸿儒钱穆驾鹤西去。

钱穆过世后，其家属、亲友、学生纷纷表达难舍。钱穆的侄子、全国政协副主席钱伟长为其四叔悼文：

燕山苍苍，东海茫茫。呜呼吾叔，思之断肠。幼失父怙，多赖提携。

"素书楼"是钱穆晚年生活和讲学的地方

养育深思，无时或忘。国学根深，闻名远邦。桃李万千，纷列门墙。忧国忧民，渴望富强。骨肉睽离，分隔两方。人道何如？含恨泉壤……

著名学者余英时为先师写下了《一生为故国招魂》的诗文：

一生为故国招魂，当时捣麝成尘，未学斋中香不散。
万里曾家山入梦，此日骑鲸渡海，素书楼外月初寒。

1992 年，遵照钱穆生前的遗愿，其灵骨从台湾归葬至苏州太湖之滨，魂归故里。

钱穆在西风强劲的新旧年代里提倡儒学，弘扬中华文化，并身体力行，一生执着。他自学成才，凭借个人的天赋和努力，成果丰沛，赢得时人和后学的推崇，在大师荟萃的群星时代，打下了属于自己的一片天地。诚如，钱穆高徒史学家严耕望所说："近六十年来，中国史坛甚为兴盛，名家大家

钱穆先生铜像（图拍摄于钱穆故居）

辈出。论根柢深厚，著作宏富，不只先生一人；但先后才气磅礴，识力深透，文笔劲悍，几无可伦比！"

今天中国在世界各地广设"孔子学院"，儒学再度兴盛，钱穆也不再是陌生人。在游素书楼故居时，询问间原来都是大陆人……

第七章 老兵的故事

本章写的是 1949 年跟随国民党到台湾的大陆老兵的故事，第一、二节的两位主人公便是曾经匆匆人流中的茫然青年，在聊天之中他们告诉我的往事，最后一节主要讲的是老兵们的返乡之路。在台湾老兵们被称作"外省人"或"中国人"，现在他们大多都凋零了，但他们都有一个共同的愿望，即是"两岸的统一"，多数人也是带着这个遗愿走的，而那些还健在的已白发苍苍、身体佝偻的老人们还在等待着那一天……

第一节 命

11 月 7 日，我在台中旅游时在公园里碰到了一对正在休息的老夫妇，喜欢与老人聊天的我便停了下来。在聊过几句后，我发现老人的口音有点特别，不像台湾人，询问之下，原来老人来自山东，是 1949 年的流亡学生。

老人说自己当年在师范学校上学，那个时候局势太乱了，国民党和共产党呈现一个拉锯态势，自己也搞不清楚哪边会胜，不知道该怎么办，糊里糊涂地就跟着老师走了。从家里走时，父母没有阻拦他，只是说自己去逃命吧。他们到了河南一直南下到了广东，又从广东过海到了台湾。最初到的是澎湖，没有想到国民党当局规定年龄大的学生必须当兵，于是他成了一名学生兵，至到退伍。

对于当年学生流亡路上的情形，作家龙应台在《大江大海 1949》一书的《楼风渡一别》中记载了山东学生张玉法（现为"中央研究院"院士，著名历史学家）的经历。

十四岁的张玉法和八千多个中学生，全部来自山东各个中学，组成联合中学，跟着校长和老师们，离开山东的家乡，已经走了一千多公里的路。搭火车时，车厢里塞满了人，车顶上趴满了人，孩子们用绳子把自己的身体想方设法固定在车顶上，还是不免在车的震动中被摔下来。火车每经过山洞，大家都紧张地趴下，出了山洞，就少了几个人。慌乱的时候，从车顶掉下来摔死的人，尸体夹在车门口，争相上车的人，就会把尸体当作踏板上下。

1949 年 6 月 25 日，山东八所联合中学师生 8000 多人到达澎湖，然而美丽的澎湖湾并不是他们安静学习的港湾反成了他们的劫难。7 月 13 日，学生被国民党当局集中在操场，周围对准他们的是即将扳机的枪口

不知明天能否看得到澎湖升起的太阳

和明晃晃的刺刀，凡是身高超过枪支高度的学生必须编入部队。人群中有同学说："我们不要当兵，我们要读书"。更多的是喊："政府欺骗我们，我们被骗了。"……山东老乡"澎湖防卫司令部司令"李振清为了给老师和学生一个下马威，他的卫兵当着大家的面用刺刀直接刺向了一名学生，学生倒在了血泊中。校长张敏之为了救出学生免于征兵，于是挑出100余名年幼体弱不合军方规定的学生出列，让他们回学校去。但其他学生这时却哭喊着："校长，您不要我们了吗？"霎时哭声震天，张敏之不禁落泪。

学生受枪声惊吓而秩序大乱，士兵们也开始了残酷的镇压。随即有人中弹，有的被打中了腿部，有的在手背，有的在臀部，血流如注，哀嚎声、尖叫声不绝于耳，整个操场顿时成为人间炼狱。

不久，校长张敏之因"匪谍罪"遭枪决，还有不知其数的学生被扔进了大海，这就是关于山东师生的"澎湖案"。

问及当年在澎湖的遭遇，老人回忆说张敏之校长是因为反对国民党被杀的，他说晚上明明有人睡在旁边，第二天起来就不见人了。不幸中的大幸是他虽然没有躲过当兵的胁迫，但是相对于那些湮没在大海里血流、挣扎、呼喊的同学来说，上帝已经眷顾了他，让他存活了下来。他长大了，结了婚，生了孩子，只是他想家。

两岸开放探亲后，他回家了，当年稚嫩的少年变成了老人，很幸运，他的母亲和弟弟、妹妹还在，自己乡音未改，只是觉得家乡话稍微有点太快。现在母亲离世了，他也走不动了。

老人主动谈及香港的"占中"运动，他说大陆不用武力，直接断绝经济贸易，香港就垮了。谈到两岸的未来，老人毫不犹豫地说："两岸肯定是要统一的，大陆这么大，台湾这么小，台湾离不开大陆的。台湾的商场里面很多商品都是大陆生产的，你看我的收音机也是大陆的，简体字的。"老人从裤兜儿里掏出了他的收音机。

天色渐暗，因急着赶车，可惜相谈时间太短，但临别的话却让我至今记忆难忘，时常回响耳畔，"当年我们糊里糊涂地来了台湾，而大陆的文革又死了那么多人，两岸受了这么多的苦难，这都是我们中国人的命啊……"

命，真的是"命"？一句逃命，让他命途多舛，九死一生。一个决定就是一生，一个分别即是天涯两隔，连回旋的余地都没有，难道这就是"命"吗？

第二节　我是个号兵

哑叔是河北人，现在他的家乡已经划分给了山东省。小时候的他很可怜，家里缺吃少穿，15岁那年，他爸爸去世了，39岁的妈妈带着只有八九岁的弟弟改嫁他人。哑叔未随母亲而去，留在了家里，他说自己去过妈妈那个村庄一次，以后没有再去。1944年，15岁的孤儿当了汪精卫的兵，因为有口饭吃。

哑叔说，他是个号兵，吹号吹了好长时间。刚入伍的他被安排学习吹号，学了六个月多，他说起床有起床号，出操有出操号，吃饭吹吃饭号，睡觉也吹号，一天到晚吹号。吹号容易被打死，一吹号炮弹都打过来了。汪精卫他没有见过，他见过最大的官是张岚峰（汪伪第四方面军总司令），当时他们在河南鹿邑县，张岚峰来视察，三个师的人在鹿邑的大操场集合，他说张岚峰蛮有气质的一个人。

抗日战争胜利后，蒋介石将哑叔所在部队收编，于是哑叔又成了蒋介石的兵。按规定，他们师从安徽的亳州走到河南商丘，再坐火车到了汤阴，在汤阴被编入了国民党第40军。到了第40军后，哑叔还是个号兵，以前他给汪精卫军吹号，现在给蒋介石军吹号。他说中央军（蒋介石）和汪精卫部队的训练动作完全是一样的，汪精卫的部队每个班都发一本《步兵操典》，40军一个连才一本《步兵操典》。

哑叔说，40军军长李振清人不错，他所在的连有个张姓的排长，李振清在太行山的时候，张是李的部下，李振清时常到他们那个连来看张排长。淮海战役结束后，李振清欢迎他们，并跟他们一起吃饭，当兵的都是大碗喝酒的，哑叔年龄小不会喝，李振清说不能喝也要喝一口。在安阳一次吃饭的时间，李振清进来了，士兵们站了起来，然后再蹲下吃饭，李振清也跟着蹲下吃饭。

抗战胜利后没过多久，内战再次爆发，国共实力逐渐易位，国民党呈节节败亡之势。1948年11月，华东野战军、中原野战军及其他部队共约60万共产党部队与约80万国民党军展开淮海战役，战争异常的激烈，哑叔所在的连一天死了三个连长，最后是一个班长当了连长，排长都没有了。下午五六点多，哑叔他们从碉堡里面走出来向解放军投降，枪也没有带。

被解放军俘虏后，年龄小的如果要回家，共产党会发给路条、粮票、钱让他们回去。因为家里没人没饭，哑叔没有回去，而是又去找国民党的老部队。晚上他住在百姓家里，那年头连年战争，老百姓也衣食无着，没有什么吃的，就弄点地瓜、小米稀饭让他充饥，他走了一个礼拜，在河南新乡找到了40军。

哑叔说，淮海战役结束后，国民党人争着保官，他没有要，最后升他当了副班长，处理内务、派公差都由他负责。因为没读过书不识字，写名册、登记枪支号码他不会写，就让班里读过高中或读过初中的代写。

1949年4月23日，南京被解放军攻克，国民党党政军人员一路南逃。到了广州，哑叔进了后勤单位，后勤是干补给的，补给米、面、油、布之类的，不会很累。也就是在这个时候他学了点字，什么单位来领物品，都要填写在表格里，米啊，油啊，他会写了。以后还可以看报，写点东西。

一日，身为副班长的哑叔受命带了六个人到一个好像是处长的中将家里，把他的老婆、孩子、岳父、岳母带出来，用车载到了黄埔码头再送到海南岛。到了黄埔码头，人好多。哑叔他们坐在船的下面，底层很闷，处长要他们从大船倒到小船上，哑叔说到小船上去可以，不过要一块大洋。处长说："你睡觉的那个地方统统是大洋，还有金条，你愿意拿你就拿啊。"哑叔拿了一块。

处长惊奇地问："你就只拿一块吗？"

"对啊，我只拿一块"哑叔答。

处长又问："你为什么不多拿几块呢？"

哑叔说："我不是不要钱，我要钱没用啊。"

上岸后，那个有钱的处长想让哑叔到自己手下来当差，但他拒绝了，他说："我愿意是愿意来，可是我们那一班人都在那里，我还是副班长。我们大家相处得都很好，而且班上都是我们家乡人，家乡人就是亲戚啊。"小孩子都喜欢家乡人，所以他没去。

到了海南岛，哑叔进了司令部，因个头高做了警卫，那时的长官是韩汉英（海南防卫总部副总司令兼海南补给区司令），韩汉英军阶中将，海南岛人。1949 年 10 月 1 日，中华人民共和国在北京成立，并迅速统

今天的高雄港牌楼

一大陆，解放海南岛已箭在弦上。1950 年 3 月，解放军发起海南岛战役，突破国民党海南防卫总司令薛岳的"伯陵防线"，5 月 1 日海南全境解放。

此时，哑叔他们搭船从榆林港开往台湾，哑叔回忆说："他们坐的那艘船叫秋瑾号，好快啊，秋瑾号轮船是英国人送的，别的船到台湾要三四天，秋瑾号只要 18 个小时。这艘船设备好到什么程度，船上没有水吃，船长就让把海水打上来变成淡水。"秋瑾号停靠在了高雄港，码头有劳军的，饼干啊，什么吃的都有。没吃过饼干的人，这次都吃了。

到了高雄，他负责看仓库。高雄有个叫考潭的地方，是日本时代的一个弹药库。仓库大到什么地步，好像整座山都掏得空空的，车子入仓库，这边进去，那边就可以出来。日本侵华的时候，重要的弹药就放在这里。噢，里面什么弹药武器都有，很多武器他们都没有见过。

因为在后勤单位，枪没有子弹了，给看仓库的库员说一下，想拿出来就拿出来，他常背着枪去山里头打鸟。野战部队一颗子弹也不可能随便用，后勤部队就是这么方便。粮仓有规定，军粮到了年根儿才能发出去，到了年尾，麻袋一扛就烂掉了。那个仓库的米剩得多的不得了，大仓库是日本殖民时期建的。

哑叔曾在凤山工作，在凤山火车站见过孙立人（曾任"陆军司令""台湾防卫总司令""总统府参军长"）。他说孙立人是个很善良的人，后来孙立人让人家捏造了个罪名遭到终身监禁，假使孙立人在的话，台湾不会是现在这样子，台湾早就好起来了。

回想军中往事，哑叔说以前的事太黑暗了，他们看到的太多太多了，死的人也太多了，很多都是好人。哑叔有点气愤地说，连里面一些人好好的，他妈的，被叫去受训，受什么训啊，被干掉了，就这样子啊。他当班长的时候，班里头有三个政工干事，政工干事就是蒋经国下面的。这班里头讲话有不对的，就给你记下来，传到上面去。有的班里被杀掉的很多，捏这个名，那个名，都是坏名誉，有什么意义。想不开的就自杀了，有些班长也自杀掉了。他们连上的班长就有自杀的，他说他是副班长知道这事儿，蒋经国的失败跟政工干事不无关系。

哑叔现在还语带愤慨地骂指导员是坏人，有一次，指导员到他们班里去，把他叫到碉堡里，问他连上是不是有人发牢骚。他说"牢骚"这两个字他不会写，指导员骂他是老滑头，然后指导员又把正副班长叫来一个一个地问。哑叔闭起眼睛深深地叹了一口气，"那个时候被杀死的人都是最优秀的人啊，国民党一直暗斗，斗到现在，台湾很乱的"。

后来，领导找哑叔他们聚餐，吃完那顿饭发了一点钱、两套卡其布军装，一个草席就退伍了。退伍后，他去了煤矿。有位同事家里有三个女儿，一个上中学会讲普通话，其余两个都不会，他去她们家里，她们的妈妈让单身的哑叔随便挑一个，但他一个都没要，他说妈妈人太聪明了。

有一天，他遇到了一个以前的老同事，老朋友叫他到敦化路（台北市一条主干道）去卖水煎包，他搞了一袋子面粉卖起了水煎包，结果发了大财。一袋面粉可以做300多个水煎包，他们做好送给卖早点的豆浆摊，4毛给对方，老板卖5毛赚1毛。他们3个人都在台北买了房子，自己买了好几栋房子。后来，哑叔结婚了，有了儿女。

哑叔提到国民党从海南岛撤退台湾时装运了好多黄金，连马桶上面堆的也是黄金。黄金一箱子一箱子的，黄金箱子很小，却拿不动。他有黄金15条，带的戒指比较多，那时候有钱也没地方用。他说："我从来不把钱当钱，看到钱等于没看到过钱，花不完就给别人了。我不会算账，钱都是交给老婆管的，我们大陆人都是这样子的。"

国民党开放老兵探亲后，哑叔回到了阔别40年的家乡。他在郑州包了一辆车子直奔家里，弟弟的小孩子见到他，大声喊："大爷回来了，大爷回来了。"家里人都很稀奇，村子里人都来了，院子里站得满满的，他拿出两卷香烟给大家都发不过来。他带来2000多人民币，弟弟好害怕。那年头他常给弟弟钱，现在弟弟大了，也富裕了，他就不给了。他说自己时常回大陆，弟弟也会来台湾看他。

问到两岸的统一，哑叔说，这是必然的现象啊，大陆会打台湾吗，打你干什么，打台湾就等于打他自己一样，不可能打台湾。台湾打大陆，那就笨死了，鸡蛋碰石头，不可能的。

这就是老兵哑叔的故事。一位跌宕起伏、饱经风霜的老兵，他是风云幻化时代的缩影，他生于忧患的岁月，走过炮火轰隆的战场，波涛滚滚的江海流水将他卷裹到了陌生的土地，世事的沧桑让他看尽人生。或许是他打错了时代的车，又在高速行驶的路上下错了车。斜阳西落，回望前首，如果人生可以重新选择，那么他的人生或许将是另一番情景，只是这辆车已经无法再回头了……

（记得电影《搭错车》里的那位主人公是一位外省老者，也是一个号兵，就改以"哑叔"来代称吧。）

第三节　眷村——无边的乡愁

眷村不是一个固定的村子，而是一个特殊的聚落。眷村通常指的是1949 年前后随国民党迁台的百万大陆军人及其家属在台湾的居住所。台湾最早的眷村是光复后孙立人将军在高雄凤山修建的诚正新村，之后台湾曾有近 1000 多处眷村，遍布全台各地。

国民党抵台之初，蒋介石提出了"一年准备、二年反攻、三年扫荡、五年成功"的口号，来台的外省人也多抱持着暂住两天，不久即回大陆的想法，所以居住所要么是接收的日式宿舍，要么是临时搭建的竹草屋。这些简陋的屋舍以竹子、稻草混合泥巴而成，再插上竹篱笆当做围墙，"竹椽上瓦盖顶、竹筋糊泥为壁"就是对早期眷村的真实描写，"竹篱笆"也就成了眷村的代名词。眷村房舍依官阶大小，面积有所不同，有的将官家会有前庭后院，花花草草，但多数人的住屋通常都不大，一家人拥

竹篱笆是眷村的代名词

挤在一起。当初，眷民们都是使用公共的厕所、澡堂、厨房、水源，少有独家独享的。

眷村村名的命名方式通常有以下几种：

一、以"军种"特性命名，常见如下：

（1）陆军，冠以"陆光""干城""忠诚""装甲""陆装"等。

（2）海军，"海光"。

（3）空军，"凌云""蓝天""空医""大鹏""忠勇"等。

（4）宪兵，"宪光"。

（5）联勤，"明驼""四知"（以"天知、地知、你知、我知"四知命名）。

二、以"捐建来源"命名：

如"贸商""台贸""银联""影剧""果贸""公学""妇联""工协""商协"等。另外，许多以"怀德""怀仁""慈恩""慈光"等命名的眷村，是为感恩宋美龄发起的捐建活动。

三、纪念人物或是原部队驻地命名：

如"志开""崇海"（纪念抗战时空军烈士：周志开、沈崇海）等，"汤山"（陆军炮兵学校原驻地：南京汤山）等。也有以部队长官名字命名的。

四、以村落所在地命名：

如"江陵""三重""赖厝""美仑山"等。

五、眷户自行命名：

如"自立""自强""自助""笃行""力行""建国""精忠""中兴"等。

眷村的居民来自五湖四海、大江南北，所以小小的村落汇聚了全国各地的风貌物情，在中国的其他省份很难看到。首先是各地的方言，中国地广人多，方言各种各样，即使一省也各有不同。在眷村张妈妈说东北话，王叔叔可能是粤语，李大哥讲四川话，刘大姐可能就是河南话了，眷村不大，但可以听到不同的中国话，俨然一个活的语言库。民以食为天，最具眷村特色的就是美食了，眷村汇集了东南西北中的各种风味，在眷村可以尝遍天下美食。火辣辣的川菜，千里之外的长沙臭豆腐，圆

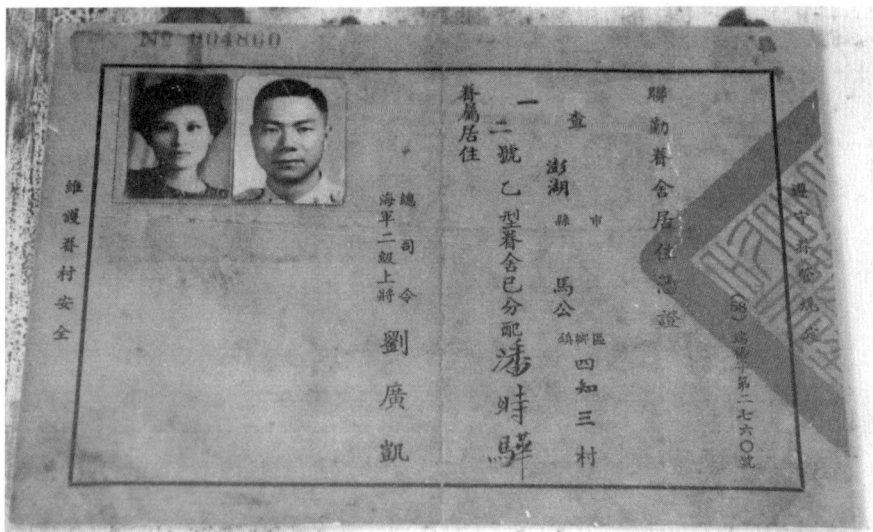

这是歌手潘安邦家的居住凭证，潘家属于联勤眷舍（潘时骅是潘安邦的爸爸，图拍摄于潘安邦故居）

圆实实的山东大馒头，筋斗长条的山西刀削面……眷村人不但将各省的饮食带到了台湾，而且又继续创造新的美食天地。

50年代初，有山东老兵在台北县永和市摆摊设点卖家乡传统的豆浆、油条，后来生意越做越大，连宋美龄、蒋经国、李光耀都是其顾客，这就是闻名天下的永和豆浆。宋美龄还曾为之题字：琼浆玉液 甘如蜜酪。现在台湾各地的豆浆店都喜欢冠以"永和豆浆"的头衔，并且也已延伸布局到了大陆各省市。除了永和豆浆，可口的牛肉面外省人也贡献良多。以前在台湾牛是耕作的畜力，台湾人有不吃牛肉面的习俗，直到外省人来后，才有了今天满街的牛肉面馆。现在岛内时常会举办眷村美食节，街上有很多店家也是打着眷村美食的牌子，不过经过几十年的发展，眷村菜系已经跟台湾当地的口味有了相当大的融合。

早年由于"二二八事件"、国民党的白色恐怖统治，导致进入台湾的两百万大陆人与本省台湾人有相当深的族群隔阂和冲突，即使到现在也未消除。眷村是外省人的代名词。眷民大都支持蓝营，眷村也是国民党的根基和历次选举的"铁票区"。眷村有一个独特的景象就是会在屋前

现在随处可见"永和"豆浆

屋外插满"青天白日旗",其意味不言而喻。虽然台湾岛上的居民绝大多数来自大陆,但是眷村的人还是会被叫作外省人,老兵甚至被称"中国人"。但老兵们有很强的家乡观念,他们反对"台独"很激烈,支持"统一"的观念也很强烈,只是他们慢慢在凋零。而半个多世纪后,外省或眷村的第二代、第三代亦有人加入绿营,像陈师孟(蒋介石文胆陈布雷的孙子)、前"行政院长"林全、"立委"段宜康等。

经过几十年的历史催化和台湾社会的风风雨雨,眷村形成了特有的人、事、景、情。由于本省人与外省人的矛盾长期存在,本省人多,外省人少,早期上学的外省孩子少不了受本省学生的欺负,为了免于因少数成为被殴打的对象,眷村的青年结成了团体,一路打打砍砍,打打杀杀,他们成立了众多的帮派,而以外省人为主的"竹联帮"和"四海帮"发展成了台湾最大的帮派组织。"竹联帮"已故精神领袖陈启礼即是眷村子弟,当年他曾并制造了轰动一时的刺杀美籍华裔作家刘益良的"江南案"。

特殊的聚落氛围,给予了眷村孩子不同的成长背景,赋予了他们丰富、独有的生活环境,眷村出名人是人尽皆知的共识,不计其数的眷村后人成为各界精英,而文娱界更是不胜牧举。

影视界:李安、杨德昌、侯孝贤、王伟忠、李立群、归亚蕾、林青霞、张艾嘉、璩美凤、吴小莉、王祖贤……
音乐界:邓丽君、蔡琴、潘安邦、任贤齐、张雨生……
文化界:龙应台、高希均、南方朔、张晓风、朱天心、张大春……
政治界:马英九、宋楚瑜、胡志强、朱立伦……

作为文娱界的摇篮,眷村人以自己特有的方式来纪念他们和他们父辈们的过往记忆,影视剧《老莫的第二个春天》《牯岭街少年杀人事件》《竹篱笆外的春天》《光阴的故事》《宝岛一村》等,文学作品《想我眷村的兄弟们》《小毕的故事》《缘千里》《今生缘》等就是关于他们的故事。

随着社会的变迁，眷村也正发生着深刻的变化，传统的老式眷村在快速发展的工业化浪潮席卷下被拆卸、改建而逐渐消失，取而代之的是高楼大厦和车声的轰鸣。眷村已经微化成了岁月的粒子，化身记忆，它成了文化的晶点，形成了难以复制的眷村文化。眷村代表着一段历史，是一代中国人悲欢离合的缩影，时代在远去，老兵在凋零，眷村注定是家的链环，是乡愁的等待。

近年来因眷村的缩逝，越来越多的社会工作者、文化人、眷民开始呼吁抢救和保护眷村文化，有的眷村就成了旅游景点，像台中的彩虹眷村（因一位老荣民在眷村街道巷里的墙壁上画满了各种彩绘图案而得名）。作为时代的符号和历史的承托，在台期间，我也带着对历史的追寻而进入眷村聆听眷村人的故事。

以下是我在台湾期间从南到北，由西至东记录下的四个眷村的侧影，四个聚落代表着不同的类型，但却有着一个共同的名字——眷村。

左营眷村

高雄市的左营区日据时期即是重要的海军军港，因保留有大量日本海军遗留的军事设施与房舍，1949 年前后国民党海军单位陆续迁往左营，因此在左营形成了庞大而又密集的海军军眷聚落。

位于高雄市左营区龟山巷的眷村文化馆是左营眷村人的集体回忆。老远处就看见文化馆壁柱上的一幅画，一位满头银发的老人抱着一个小孩子的半身像，旁边写着"眷恋延续的风景"七个大字，旁边配有一段小文字："这是一段我与你、与他，共同的眷村生活记忆。"一幅图片、一段文字道出了这里的往事。

文化馆为二层楼房，馆内展出有过去的信件、勋章、书籍、旗子、照片、生活用品等等。和一位工作人员聊谈中，他告诉我自己祖籍山东，到现在仍然不会说闽南语。他说："馆内有很多文物都是从大陆带过去的，像这只北方人冬天放在被窝里取暖的壶台湾人是不用的。"他用手指了指

位于高雄市的左营眷村文化馆

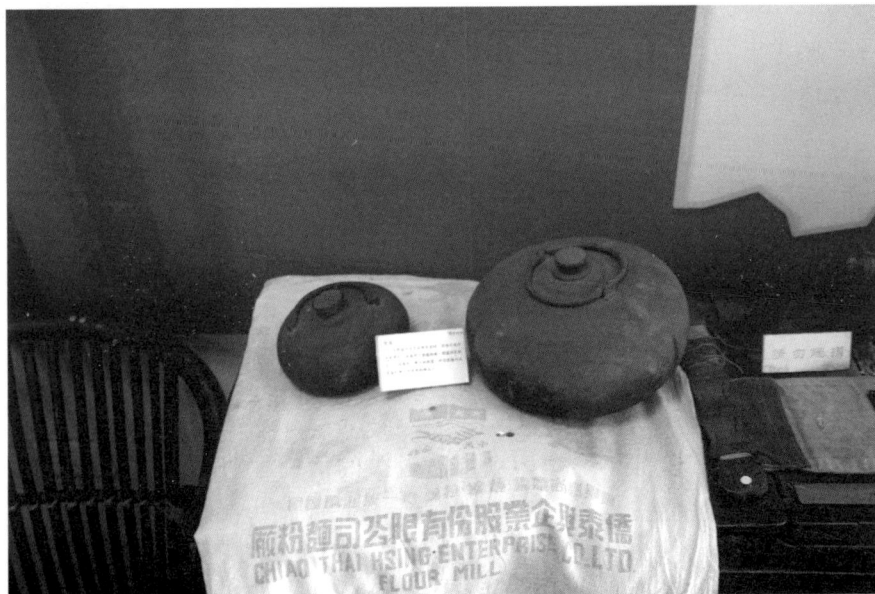

也只有在大陆的北方才会用到这种取暖壶（图拍摄于左营眷村文化馆）

那两个已成历史的取暖壶。在一块画板前，我还看到了我们陕西的名食"锅盔"的图片，想必这个海军军眷区也有西北人。

在文化馆的宣传页上有这么一段文字："在这里你可以挖掘到许多早年眷村的生活故事，每件展示的文物都以自己的方式叙述着过往的年代，那欢笑与泪水交织的眷村故事……"

马祖新村

马祖新村位于桃园的中坜地区，从中原大学骑摩托车约二三十分钟的路程。马祖新村兴建于 1955 年，安置着驻防马祖官兵的军属，也是全台湾唯一以美军眷舍作为建造雏形的眷村，最盛时军人、军眷超过 10 万人，因为住了不少的将官，被戏称"星星满天飞"。现在眷民都已搬家离去，人走村空，眷区面积所剩不大。现在马祖新村被定为文创区，成为台湾第一个完整眷村文化保存园区。

用铁丝网围起来的园区大门，上面写着蓝色的"马祖新村"，灰暗的水泥墙面上的"孝悌忠孝"四个大字依然可见。园区内树起了一道铁皮墙，铁皮上粘着"六公里的返乡路"的文字和图案，园内有一中国式的凉亭，贴着"打亮马祖新村，开启文创新页"的对联。

11 月 23 日我刚好碰到金钟奖最佳编剧刘亮佐执导的以眷村为题材的文创作品《六公里的返乡路》在马祖新村上演。编组请来了一位老兵，这位将军级的老人听力聋背，头发眉毛银白，只听见他断断续续说自己当年学校毕业后参军，然后不断地走，不断地走，走了大半个中国……

老人的儿媳妇告诉我们将军是浙江人，开放老兵探亲后曾回过几次大陆。那天眷村长大的孩子们又重回马祖新村，讲述眷村当年的点点滴滴和温馨画面。最后老兵与剧组成员们合影，我也用相机拍下了这一次瞬间。

马祖新村现在是文化保存园区

老兵和《六公里的返乡路》中的演员们合影

大陈一村

1955 年 1 月，解放军攻克了大陈岛（隶属于浙江省台州市）的屏障一江山岛，2 月，国民党执行大撤退的"金刚计划"，在美军第七舰队的护航下，国民党将 10000 多名大陈居民分批运往台湾，能带走的尽数带走，不能带走的米、面、武器全部仍到海里，或是炸毁掉，整个大陈岛最后只留下了一位行动不便的老人。

在基隆登岸后，大陈岛民被安置到了宜兰、花莲、台东、屏东、高雄等县市。位于花莲县花莲市的大陈一村、二村，便是当年落户台湾的大陈村落。目前 2 村合计 428 户人家，是全台最大的大陈聚落。大陈村地势呈坡型，黑瓦斜顶、低低矮矮的屋舍随处可见。

在一个十字路口，几位居民正在闲聊，一位说话既不是标准"国语"又不是纯正闽南语的大陈大哥说，当年大陈大撤退的时候，把能带走的都带走了，包括神像。台湾的眷村居民多为军属，而大陈人多是农渔民，到台湾后他们还是抓鱼。大陈大哥说，两岸开放后他们也曾多次回大陆，

大陈保留了自己的原名

他感叹现在家乡的浙江人好有钱，开的都是名牌车。在我们谈话的旁边有一位老太太，是当年从大陈岛来的，现在记忆混乱，几乎不会说话了。

虽然时过甲子，但大陈村民在语言、信仰、饮食等方面还保持着当年在浙江时的习俗和传统，只是年轻人会抓鱼的没有几个了。

四四南村

如果说眷村代表着一个漂浮的时代，那么四四南村则是一只飘落的树叶。1948年底国民党青岛联勤四十四兵工厂的员工和眷属搭乘太康轮横渡台湾海峡，兵工厂被安置到了台北市一处原为日本陆军的库房，因居住区位于四四兵工厂的南边，故名四四南村。四四南村是台北最早的眷村，村内居民为联勤第四十四兵工厂的厂工及眷属。

伴随着都市的扩张，土地价格的上涨，四四南村成了台北市拆迁和改建的对象。1999年四四南村住户全部迁出，在社区居民及文化界人士的奔走呼吁下，四四南村被列为"历史建筑物"，并指定其中对称的四栋建筑物保存。2003年10月25日，改名为信义公民会馆暨文化公园，园区包括特展馆、眷村展示馆、展演馆、社区馆、四四广场与文化公园。游人成了四四南村的主人。

四四南村所在的信义区是台北繁华的商业圈，现代化的顶天楼将孤零零的几间眷房紧紧地挤压在一起，黑瓦水泥墙、蓝色窗户门，低矮的房屋与抬头显眼的世界高楼台北101形成了强烈的

摩天大楼台北101映射下的四四南村

视觉对比。

四四南村可能逃脱不了 101 的命运，而 101 也可能是所有眷村的最后结局，正因为这种瞬间的流易，将四四南村定格在了现代与历史，今天与未来共存的一幅图景中。

第四节　归去来兮

1949 年 4 月 23 日，人民解放军占领南京，降下了"总统府"楼顶的"青天白日旗"，国民党人在一片混乱中，四处逃散。10 月 1 日，中华人民共和国成立了，五星红旗在北京天安门冉冉升起，历史翻开了新的一页。

此时，国民党正在组织大规模的搬迁，迁移的目的地是刚回归中国四年之久隔着汪洋大海的台湾岛。大多数去台湾的军民不是拖家带口，也不是大包小包，因为每一个人心里都有一个很简单的想法：过不了多久，就回来了。于是，有人暂别新婚的妻子等待自己的归来，有人嘱咐孩子在家用功学习，有人行色匆匆未与父亲道声告别，有人则是在街上给母亲抓药时被国民党兵给抓走了，也有人在暗吟"今夜扁舟来诀汝，死生从此各西东"，就这样他们急急忙忙地坐上了开往台湾的轮船。

1949 年 5 月，台湾就颁布了将会长达 38 年之久的戒严令，限制出入境，封锁大陆消息，断绝交通。隔年 3 月 1 日，蒋介石在台北"复行视事"，开始了他在台湾又一个近卅年的统治，两岸从此断绝往来，短短的台湾海峡通不了一艘小小的船只，海水的无情划下了永久的别离。

到台湾后，一些军民住进了日本人留下的日式宿舍，一部分人则开始用竹篱笆围墙，以竹子、泥巴、稻草搭起了可以栖身的简易小房子。紧接着，台湾乌云密布，国民党开始以"匪谍"名义大肆逮捕"人犯"，不管是生于台湾的还是来自大陆的，只要是"匪谍"，要么被送到监狱，要么枪毙，一时人人胆栗。此时，解放军相继解放了沿海国民党占据的一些岛屿，并发出了解放台湾的号召，同时轰轰烈烈的抗美援朝、镇压反革命、土地改革开始了，大陆社会经历着一场巨大的变革。随着时局的突变，两边的信件通不了了，在以后的岁月里大多数写给对方的信件都石沉大海，而且都不敢再写了。

刚退踞台湾时，蒋介石为了安抚惶惶不定的人心提出了"一年准备，二年反攻，三年扫荡，五年的成功"的"定心丸"，可是时间一年又一年过去了，国民党不但没有反攻半寸土地，而且沿海的岛屿基本都被共产党解放了。50年代国共内战一直存在着，1958年8月23日，解放军密集炮轰金门，国民党三名驻防副司令吉星文、章杰、赵家骧中弹身亡，但大陆并没有乘胜解放金门，而是决定"双日不打单日打"，此后，两岸大规模的战役便停止了。

有人偷偷地往回跑，逮住了就是死路一条。于是离大陆最近的金门岛海边埋下了无数的地雷，树起了排排的障碍物，还有对准海水的枪口。驻扎金门的老兵天天远眺着近在眼前的故乡，望着天边飞过的群鸟，咫尺的距离却怎么也游不过去。对于台湾岛上的老兵来说，留给他们的也是茫茫不见天际，走不出去的大海，唯一的希望就是"等待"，寂静的夜晚，总会有熟悉的老面孔呆呆地望着夜空的明月，星星眨眨闪闪，月缺月满，圆月何时照我还呀？

有老兵开始退伍了，当局给了他们一笔用生命换来的钱，有人用钱娶了本省姑娘或少数民族女子，因为妻子年轻，丈夫年长，老夫少妻成了眷民中常见的现象。退伍的老兵还有另外一个的名字——"荣民"，实际上"荣民"多是没有文化，没有技能，没有土地，没有"家"的人。这时台湾内外环境相对安静了下来，开始谋划发展经济了，为了安排老兵们的出路，他们走进了农场、茶场，也修起了道路。在没有完全的机械化时代，10000多名荣民，凭借十字镐和炸药，212条生命，平均一公里一条人命，用时三年多开通了穿越太鲁阁山谷的东西横贯公路，而险

险峻的东西横贯公路的牌楼

峻秀丽的太鲁阁便是台湾的热点旅游景区。

来台时，年纪小的人有人结婚生子了，而有些年龄大的老人已等不住和家里的老妻、孩子见最后一面了，他们的呼吸越来越微弱……1962年1月12日，84岁的于右任在日记里写下了："我百年后，愿葬于玉山或阿里山树木多的高处，可以时时望大陆。山要最高者，树要最大者。"1月24日，于右任写下了那篇著名的《望大陆》：

　　葬我于高山之上兮，
　　望我大陆。
　　大陆不可见兮，
　　只有痛哭。

　　葬我于高山之上兮，
　　望我故乡。

故乡不可见兮，
永不能忘。

天苍苍，
野茫茫，
山之上，
国有殇。

两年后，祖籍陕西三原的于右任带着对故乡和亲人的无限思念走了……

1966年，大陆进入动荡的"文化大革命"时期。1971年，联合国恢复了中华人民共和国的合法席位。隔年初，美国总统尼克松访问大陆。当年初到台湾的小孩子变成了青年，而青年已步入了不惑之年，岁月对于他们有了更深的感触，彼时的青年此时的余光中写下了心中的乡愁：

小时候
乡愁是一枚小小的邮票
我在这头
母亲在那头

长大后
乡愁是一张窄窄的船票
我在这头
新娘在那头

后来啊
乡愁是一方矮矮的坟墓

我在外头

母亲在里头

而现在

乡愁是一湾浅浅的海峡

我在这头

大陆在那头

1972 年蒋介石的长子蒋经国接任"行政院长",启动了他雄心勃勃的"十大建设"(南北高速公路、铁路电气化、北回铁路、台中港、苏澳港、中正国际机场、核能发电厂、大炼钢厂、大造船厂与石油化学工业),老兵们又投入到了新一场的经济建设中,"十大建设"的逐步完成让台湾社会面貌大幅改观,台湾步入了"亚洲四小龙"的行列。

1975 年清明节,26 年来一直声称要带领外省老兵打回大陆去的"蒋公"蒋介石去世了。他死后没有下葬,而是暂放桃园慈湖,希望日后可以归葬南京。对于蒋介石的过世,老兵们五味杂陈,如果没有他,他们也不会和家人天涯两隔,可是他走了他们回家的"梦"也碎了。

隔年,1976 年,周恩来、毛泽东、朱德也相继离世,"四人帮"被关进了监狱,"文革"结束了。1978 年 3 月,蒋经国毫无意外地当选"总统",台湾进入了蒋经国时代。同年底,中共中央召开十一届三中全会,会议决定停止使用"以阶级斗争为纲"的口号,经济建设变成了工作重心,会议并决定实施改革开放,邓小平成为第二代领导核心,大陆开始了邓小平的时代。十一届三中全会没过两天,就到了 1979 年元旦,全国人大常委会发表了《告台湾同胞书》,开头说道:

昔人有言:"每逢佳节倍思亲"。在这欢度新年的时刻,我们更加想念自己的亲骨肉——台湾的父老兄弟姐妹。我们知道,你们也无限怀念祖国和大陆上的亲人。这种绵延了多少岁月的相互思念之情与日俱增。自从 1949 年台湾同祖国不幸分离以来,我们之间音讯不通,来往断绝,祖国不能统一,亲人无从团聚,民族、国家和人民都受到了巨大的损失。所有中国同胞以及全球华裔,无不盼望早日结束这种令人痛心的局面。

同时,中共中央还决定停止炮击金门以及希望实现通航通邮。海峡对岸的老兵们看到了回家的希望,面对中国共产党对台政策的转变,蒋经国提出了"不接触、不谈判、不妥协"的"三不政策"作为回应,回家依旧是"等待"。

这个时候的大陆,改革开放了,中美也建交了,可以出国了,外国也进来了,进来的不仅有外资、时髦,也有信件。有人悄悄地跑回了大陆,有台商把眼光投向了大陆这块广袤的处女地,也有人通过海外关系往家里寄信,有人辗转到第三地与家人相见了。1979 年 81 岁的老报人成舍我由台湾赶往洛杉矶见到了离家 28 年留在大陆的独子成思危,只是当年的儿子已由少年变成了中年人。

1979 年的 10 月,高雄发生了"美丽岛事件",施明德、林义雄、黄信介、姚嘉文、张俊宏、吕秀莲、陈菊、林弘宣等人遭蒋经国当局逮捕,其后陈水扁、谢长廷、苏贞昌、江鹏坚、尤清、张俊雄等 15 人组织了辩护律师团,而美丽岛事件也成为了台湾社会史上一个分水岭,多少年后台湾的走向将受到了这批人的影响。

斯时,台湾社会经济发生着剧烈的变化,"亚洲四小龙"的台湾正快速地迈向工业化、都市化、现代化。1983 年台湾上演了一部名叫《搭错车》的电影,电影中有这样的场景:

收酒瓶子的哑叔捡到一个女婴,哑叔的妻子因为他家中贫寒弃家离去,从此父女两人相依为命……拆迁队开始拆除哑叔和邻居们的破瓦烂

1986 年 10 月 7 日，蒋经国会见《华盛顿邮报》发行人葛兰姆时表示，台湾将解除戒严。（鲜花后方者为马英九，图拍摄于南投台湾文献馆）

屋，阿明为了阻止拆迁被倒塌的屋顶砸死……哑叔进了急救室，女儿阿美赶到了医院，但父亲已经离开了人世……

电影中的哑叔是一名老兵，被拆掉的房子就是破落的眷村，眷村改建沦为都市无限扩张的羽翼下逃不掉的命运。在电影的最后，养女阿美以一曲《酒干倘卖无》献给了舞台下的观众和离去的老父亲，"酒干倘卖无"是闽南语，意思是：有卖得空酒瓶吗？

80 年代的台湾，社会运动一浪接一浪，一潮高过一潮，1986 年 9 月28 日，台北成立了戒严时期第一个反对党——民主进步党。蒋经国没有派人去抓捕，只是说："时代在变，环境在变，潮流也在变。"而这也暗示国民党的政策将发生重大改变。也许真的是时代在变，环境在变，潮流也在变，这个戒严时期成立的反对党竟在短短的十四年后就将百年老店国民党拉下了台。

1987 年大陆的春节文艺晚会来了一位英俊的台湾歌手，他叫费翔，在这次晚会上他对着电视机前的亿万观众，演唱了一曲《故乡的云》：

天边飘过故乡的云，
它不停地向我召唤。
当身边的微风轻轻吹起，
有个声音在对我呼唤。
归来吧，归来哟，
浪迹天涯的游子；
归来吧，归来哟，别再四处飘泊。

踏着沉重的脚步，
归乡路是那么的漫长。
当身边的微风轻轻吹起，
吹来故乡泥土的芬芳。
归来吧，归来哟，
浪迹天涯的游子；
归来吧，归来哟，
我已厌倦飘泊。

我已是满怀疲惫，
眼里是酸楚的泪，
那故乡的风和故乡的云，
为我抹去创痕。
我曾经豪情万丈，
归来却空空的行囊，
那故乡的风和故乡的云，
为我抚平创伤。

费翔抹去了归来的眼泪，因为《故乡的云》，让费翔霎时红遍了祖国的大江南北。

费翔回来了，可是那几十万的游子什么时候才可以看到故乡的云呢？1987年对台湾来说注定将是一个不平静之年。连反对党都让成立了，还有什么理由不让这群近40年来不曾回去的白发人回家呢？只是一个简单的"回家"，要求多吗？过分吗？老兵上街了。1987年5月10日"母亲节"，老兵们以"母亲节遥祝母亲"的名义在台北孙中山纪念馆集合，他们身着前面书写"想家"两大字，背后则写上："少小离家老大回，乡音未改鬓毛催，乡人相见尚相识，惊传客从台湾归。"及苏武牧羊中之"白发娘望儿归，红妆守空帏，三更同入梦，两地谁梦谁？"等诗词的衣服。手中高举写着："母亲呀！我们真想你""捉我来当兵，送我回家去"等字句的木牌。在老兵们散发的《我们已经沉默了四十年》的传单上，发出了他们四十年来久久压抑的愤怒："难道我们没有父母？我们的父母是

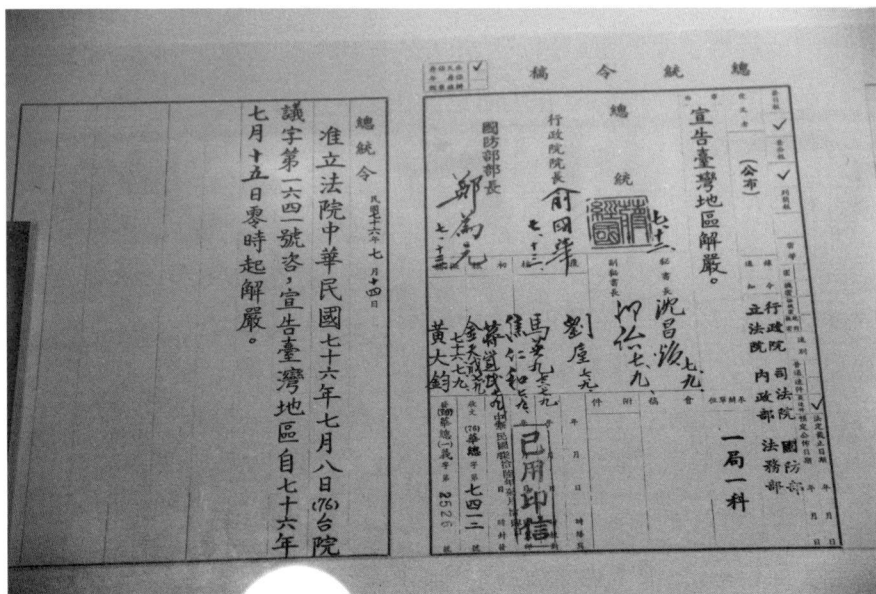

1987年7月15日台湾正式解严（图拍摄于新北"国家档案局"）

生是死，却不得而知；'生'让我们回去奉上一杯茶，'死'则让我们回去献上一炷香。"6月28日，老兵挤满了台北金华中学大礼堂，当合唱团唱起歌曲《母亲您在何方》时，几乎全场泣下。

7月，国民党终于宣布解除世界上实施最久的戒严令。8月，当局宣布考虑开放一般民众赴大陆探亲。

11月2日，台湾的红十字会开始受理民众赴大陆探亲登记，凌晨时分，老人们就涌向了那里，拥挤的人群是等待回家的人，有人生气地问红十字会的大门为什么开得那么小。第一位办妥手续的老人说，离开家乡已四十年，终于可以回去探望母亲和儿子了。有名维持秩序的警察向一位领表的女士说："恭喜你即将返乡。"但她却顿时泪眼迷蒙。

回来了，终于回来了！40年后他们又回到了儿时的村落，村口的大树还在，只是老态了许多，树枝有些干枯了。树下追逐的儿童一个也不认识，还笑问他从哪里来。曾经树下的小孩子已是鬓毛斑白，他们没有了回家的兴奋，反而有种近乡的胆怯——当年母亲曾在村口给即将离家的自己塞进了一块热乎乎的油饼……炮弹在自己的身边爆炸……海上刮起了大风……

家是永不褪色的归宿（图拍摄于台南台湾文学馆）

月光下独影彷徨……母亲还在吗？孩子还好吗？

有人抚摸着自己长大成人的孩子；有人看到了还在家中等待自己的伛偻妻子，只是自己已另有家室；有人单身归来，妻子却嫁他人妇；有人跪倒在了年迈的母亲膝下；有人爬在了坟头；有人什么都没有了，有人永远回不来了，有人也永远看不到他们了……

时间是那么的急促，两年内相继解严、开放老兵返乡探亲、开放党禁、报禁，蒋经国好像在赶时间似的，1988年1月13日，蒋经国去世了，又一个时代结束了，他创造了台湾"经济奇迹"，也留下了未完的工程。蒋经国的继任者不是蒋家人，而是蒋经国生前挑选的"副总统"，也是曾经的共产党员李登辉。蒋经国去世后，跟他父亲蒋介石一样也没有下葬，而是暂放桃园大溪陵寝，希望两岸统一后迁葬浙江老家的母亲墓旁。

1987年虽然开放老兵返乡探亲，但对于公职人员和身份特殊的人还是有诸多的限制。1990年8月30日，96岁高龄的国学大师钱穆病逝了，身在大陆的孩子被拒绝来台奔丧，就这样在没有一个子女的目送下老父亲走了。两年后钱穆的骨灰被安葬在了苏州的太湖之滨，终于"魂"归故里。三年后有一个人回来了，他的爷爷、父亲都叶落台湾，但都未入土为安，因为他们希望归根大陆。1993年8月20日，参加第二届"两岸法学学术研讨会"的台湾代表团抵到达北京机场，代表团团长是蒋经国的儿子章孝慈（随母姓）。

1942年，章孝严、章孝慈两孪生兄弟生于广西桂林，同年母亲章亚若离世，1949年章氏兄弟去了台湾。直到蒋经国去世，婚外所生的孝严、孝慈两兄弟都没有认祖归宗，加之母亲芳年早逝，能够祭拜亡母便成了兄弟俩人的心愿。为了能够回大陆，章孝慈辞去了"国大代表"职务和退出国民党中央委员的竞选，以学者的身份赴会。9月5日，天下起了漂泼大雨，章孝慈来到埋葬在桂林的母亲墓前，当说出："母亲大人，儿子回来看您了……"便扑通跪地，在雨中、泪水中，章孝慈宣读了自己亲自撰写的祭文：

呜呼！劬劳我母，生于忧危。万方多难，世局崩离。孪生二子，孝严孝慈……思母唤母，音容依稀。出入游处，心忍无归。晨昏雨夜，倍思庭帏。人逢佳节，团圆可期。唯我兄弟，益感伤悲……两岸解禁，探亲交驰。桂林母墓，念兹在兹。我与兄长，皆有儿女，两家九口，独我来斯。外婆吾父，魂应相随，焚香祝祷，无尽哀思……

此情此景，令在场陪同祭祀的人无不为之动容。三年后，章孝慈因病早逝。

随着时间的变化，反对党民进党把斗争主线诉之于"台湾独立"，主政的李登辉公然宣称"两国论"。2000年，民进党籍陈水扁上台执政，4年后成功连任，第一大党国民党沦落为在野党。而台湾的族群撕裂也趋向公开化，有人说："老兵来台湾的时候没有经过台湾人的同意。"也有人骂："中国猪滚回去。"

经过改革开放二十多年的努力，大陆实现了经济的腾飞，综合实力的提升，社会面貌为之一新，而两岸形势也慢慢发生翻转。2005年国民党主席连战率团对大陆进行"破冰之旅"的访问，并与中共中央总书记胡锦涛会面，这是1949年后国共两党最高领导人的首次会面，几十年来相对立的情景被"相逢一笑泯恩仇，渡尽劫波兄弟在"这一诗句来形容，而上一次两党最高领导人毛泽东与蒋介石的会晤还是60年前抗战刚胜利的时候。

进入21世纪，已是半个世纪的轮回了。老兵们大多都凋零了，带着思念和期盼走了。在连战访问大陆的同年11月，湖南老兵马鹤凌在台北病逝，他留下了"化独渐统，全面振兴中国；协强扶弱，一起迈向大同"的遗愿。

2008年，马鹤凌的儿子、国民党人马英九当选"总统"，两岸终于实现了"三通"。台湾的课堂上来了陆生，景区挤满了好奇的大陆游客，他们看到了只在课本上、电视里才见过的日月潭、阿里山、台北故宫……

有人饶有兴趣地参观着分布零散的眷村，只是他们面前的眷村已属古迹，住户早已搬走，房舍不多，没有门，没有窗，玻璃只剩下了半片，院子里散落着砖块和枯黄的树叶，墙壁上还残留着当年的宣传口号。有文化工作队正在拍摄纪录片，夕阳斜落，大树下，一位手拄拐杖，耳听聋背，头发稀疏花白的老人，正在断断续续地回述他自己的故事和这个民族的跌宕起伏……

冬季的台湾没有北方的凛冽，但会吹来海面的大风，风过，树枝上的叶子缓缓飘落，然后慢慢地汇聚到了树根下。大陆中央电视台"感动中国 2012 年度人物"，有一位获奖的老兵，叫高秉涵，他是菏泽旅台同乡会长。他说，没有深夜痛苦过的人，不足以谈人生。

"如果我死了，你有朝一日能回家一定要把我的骨灰带回去……"一个嘱托，一个安息，20 多年来高秉涵不求回报地将 100 多位大陆老乡的骨灰带回了他们魂牵梦绕的家。他们曾经穿过弹雨，翻过山水，在生命的终点，希望回到起点，"百年之后，将我带回大陆，安葬在母亲的身旁，因为那里才是家……"

第八章　社会百态

本章是此书的最后结尾，也是一个大杂烩，将前面未纳入的文章收集在了一起。按说"社会百态"本应样样俱到，但我有点力不从心，一是个人时间，二是台湾虽小，故事却多，不是一个篇章，一本书可以说得完、讲得明的，若有机会将来可以再补充一下。不过，第九章也算是对前八章一个小小的点缀吧。

第一节　陕西·台湾·陕西村

我们陕西人都知道中亚有个东干"陕西村"，也知道在宝岛台湾也有一个"陕西村"，台湾的陕西村与东干陕西村一样，都与陕西省渊源深厚。早就听说台湾有个陕西村了，来台交换后终于有机会可以亲眼目睹陕西的乡党们了。

11 月份的彰化还带有微微的暖热，坐落于彰化县秀水乡的陕西村，地处中南部农业区，略显偏僻。村子的入口处有一个非常大气的牌楼，门楼的四根柱子顶天而立，"陕西村"三个大字醒目亮眼，题字人是黄埔军校四期生陕西省兴平人刘玉章将军。门楼的后面有一副字，右联是"率秦中三千子弟"，左联为"协延平渡海而来"，横批曰"文武盛地"，短短的 21 个字道出了陕西村的历史源流。

清新、宁静是对陕西村的初来感觉，顺延道路而进，平坦的马路边是一片绿油油的稻田。往前走不远处有一大石头立于花丛中，刻着"欢

陕西村牌楼

陕西小学

村内的生态公园

迎光临陕西社区"八个大红字，说明经常有人光顾村子。继续前行就看到了传说中的"陕西小学"，学校是一栋三层高的小楼房，正面红白瓷砖相间，背面净白透明。从门口望去可以看到"礼义廉耻"和"忠孝仁爱信义和平"的字迹。学校不大，但是环境非常漂亮自然，四周被草茵绿树荷叶所围裹，中间还立着孙中山先生的铜像，"天下为公"清晰可见。

再往前是一个小型生态公园，几朵荷花红艳，莲叶浮水，步道上放置着几张座椅。不多时，就看到了村子里的社区活动中心，村民正在悠闲地打牌聊天，旁边是全村的信仰中心——乌面将军庙。

乌面将军，姓马名信，字子玉，陕西扶风人。马信原为清台州总兵，后率陕西子弟兵投奔民族英雄郑成功。马信将军作战勇敢，敢为士先，深得郑氏之重爱。明永历 15 年，马信跟随郑成功率军渡海驱逐荷兰殖民者收复台湾。后马信不幸战死，他带来的家乡子弟在今彰化县秀水一带开垦练兵，陕西人也就在此落地生根。马信死后被埋葬在今乌面将军庙北方的一块土丘上，据传百姓若有小病只要在墓前求取草药即可痊愈，

乌面将军庙

村民感于圣灵，于是开棺捡骨发现棺中有一块刻着"乌面将军"的小匾额，村民将其建一土庙祭拜。据称乌面将军庙建于清嘉庆年间，之后多次修缮。

　　而真正曝光这个不为人知的"陕西村"的人也是一位"陕西人"，他就是徐秉琰先生，陕西省咸阳人，随国民党到台湾。徐秉琰先生曾在《师友月刊》上刊文《水有源、树有根——陕西村民数典不忘》来回忆这个"惊世"的发现。1976年"台湾省教育厅"督学徐秉琰在彰化县举行的一次全县小学校长会议上，无意中在学校花名册中看到了一所叫"陕西国小"的学校。好奇心促使这位"陕西人"前往一探究竟，他找到了陕西小学、乌面将军庙、陕西村。继而发现陕西村民与陕甘一代人脸型的下颚宽大相似，又在村边的墓地发现了数十座刻有"陕西"的石碑。之后，他又在台南市文献会找到资料：曾有一位陕西籍马信将军追随郑成功来台湾，他带领的家乡子弟兵后来在彰化秀水乡一代屯垦。

　　这下子台湾有个陕西村的消息就像爆炸了似的在随国民党来台湾的

陕西人中迅速传开，各大报纸纷纷刊载，中视电视台的"爱心"节目还特别制作了专辑报道。1978年中视电视台，又制作了名为"根"的节目，介绍陕西村的真实故事。陕籍的"立法委员"杨大乾应邀在"根"里为观众讲述有关陕西的地理文物，陕西省同乡会理事长陈建中则从历史的角度介绍陕西的文物，为了"根"的片头，制作小组还拍摄一株象征落叶归根寓意的榕树。1978年是陕西籍国民党元老于右任百年诞辰，陕西村推派了四名代表专程前往台北参加纪念活动。1981年台湾小学四年级社会课本的"我们都从大陆来"的单元中，还编入了陕西村的故事。

于是，各地陕西乡党们纷纷组团前来"寻根"，兴奋无以言表的陕西人还集资400万新台币在村子入口处兴建了那座壮观的门楼和"陕西文物馆"。每年农历八月二十三乌面将军的诞辰日，陕西村就像过节一样的热闹，各地陕西人会齐聚陕西村共同缅怀先烈，追往根源。

乌面将军庙的前方是一座戏台，后面就是"陕西文物馆"。在"陕西文物馆"内悬挂着众多台湾各地陕西同乡会送来的匾额，有"三秦雄风""三秦遗民""源远流长""黄渭源流""怀贤思乡"……其中有一牌匾特别引人注目，是由陕西人民政府赠送，雷珍民书写，时间为2010年9月的"光耀两岸"匾额。

当年，"陕西村"是在台陕西老乡们的精神家园，两岸开放后，陕西

陕西省政府赠送陕西村之匾额

陕西乡党们

村再次成为大陆陕西人游台的热点地方。陕西村民说大陆陕西经常组团来村子参观，他们也常回陕西走访。随着两岸交流的加深，不论是陕西的政府单位赴台交流，还是民间来台旅游，很多人会选择到陕西村走走看看，那块"光耀两岸"的牌匾就是 2010 年陕西省政府代表团访问陕西村时所赠。

陕西村占地面积 2.03 平方公里，有居民 400 户计 1600 多人，现在村民虽与附近闽南村落的语言、习俗所差无几，但一座庙，一栋纪念馆，一块块匾额见证了两岸风风雨雨 300 年，唯一不变的仍是那份绵延万里的"陕西根"。

（本文原载《统一论坛》2016 年 01 期，原名《陕西人游"陕西村"》，文章内容有改动。）

第二节 日暮草山——蒋介石

1949 年，蒋介石（名中正，字介石，台湾人一般称蒋中正）被共产党打败后跑到了台湾，并在孤岛上渡尽余生，在这 20 多年和以后的日子里蒋介石在台湾的地位和形象经历了一个天翻地覆的变迁，至今无法盖棺定论。蒋介石的台湾岁月既有

晚年的蒋介石、宋美龄与蒋经国（图拍摄于新北"国家档案局"）

风格依旧的"白色恐怖"，又有铁腕打"台独"的霹雳手段，而他晚年的"中华文化复兴运动"和经济起飞成为他一生多败笔的少许安慰。正如他的长子蒋经国所说，时代在变，环境在变，潮流也在变。今天的蒋介石在台湾也走上了一条"变"的路，只是这个"变"太具有戏剧性和讽刺性了。

权杖——披荆斩棘

蒋介石与台湾的关系，从 1945 年台湾光复起至 1975 年蒋介石去世这 30 年间，蒋介石是"总统"，维护国民党的统治，加强个人权力，是永恒不变的旋律。对于蒋介石来说，他用手中的权杖披荆斩棘，扫除了权力征途上的一道道障碍，他获得了无边的权力，但这是一条血路，是踏着不计其数的无名鲜血和他人永不复返的青春。

抗战胜利后，台湾回归祖国，但国民党的治理并不理想，反而矛盾丛生。1947 年 2 月 27 日，几名专卖局的缉私员在台北市追查私烟时导

致一名妇人受伤引发了严重的官民冲突。8日，南京政府派军于基隆登岸，随后展开武力清乡，参与事变的人遭到枪杀、监禁或失踪，事件平息，这就是震惊中外的"二二八事件"。对于当年有多少本省人在事变中死亡，至今没有准确的数字，有说上百的、上千的、也有上万的，甚至还有说十几万的。同时，也有无法统计的外省无辜百姓在一片打"阿山"（台湾人称外省人为"阿山"，称自己为"阿海"）的喊声中遇害。从此，本省人与外省人结怨埋仇了，省籍矛盾成了台湾永久难以愈合的裂痕。

有鉴于国民党在大陆时四分五裂的惨痛教训，退台后为了巩固统治，蒋介石第一步就是发起国民党改造运动，曾经的党内实权派或山头派不是挂名虚职，就是远走海外。李宗仁的"代总统"不但被已下野的蒋介石的"复职"给顶掉了，就连"副总统"一职也让蒋给拔了。山西"土皇帝"阎老西辞了"行政院院长"，深居简出。CC陈立夫带着蒋夫人送给他的《圣经》去了美国，卖起了皮蛋……

但不是所有人想过闲云野鹤的日子就能如愿以偿，去台湾的桂系"二号人物"，原国防部长、"小诸葛"白崇禧就没有那么幸运了。白崇禧起初只挂名闲职，后来连虚职都没有了，1952年国民党召开七大，第六届中央常务委员不是当选中央委员或中常委外，其余都是中央评议委员，唯独白氏例外。到最后，白崇禧连"中国回教协会理事长"（白崇禧是回族）也干不下去了。白崇禧，虽已无实权，但蒋介石还是不放心，派了几个小特务天天跟着"四星上将"，白崇禧的儿子白先勇在《白崇禧将军身影集》一书里提到了蒋当局对白家的"保护"：

父亲致蒋介石密函（质问蒋遣派情治人员跟踪监控的原由），由张群转呈，并有副本递给陈诚。陈诚亲自向父亲解释：

"便衣人员是保护你的，我也有人跟随。"

"你现在是'副总统'，当然有此需要，我并无此必要。"父亲回答。

可是那辆吉普车却仍旧一直紧紧跟随父亲，到他逝世。

山头派虽被清理了，但对异己力量蒋还是严打不懈。抗战胜利后，任上海市长的吴国桢与到上海滩来打虎的"太子"蒋经国闹得颇不愉快。50年代初，出任"台湾省主席"的吴国桢因对当局的特务统治不满，与执掌情治系统的蒋经国矛盾再度激化。1953年吴国桢因怀疑自己遭到暗杀而出走美国，并公开抨击国民党专权不民主。

　　50年代还有一起重大的政治事件，就是孙立人"兵变案"。孙立人，毕业于清华大学，留学美国弗吉尼亚军校，是抗日名将，到台湾后担任了"陆军总司令""台湾防卫总司令""总统府参军长"等职。因与蒋经国的政工系统产生了摩擦，又被疑与美国人"有染"，1955年孙立人遭到监禁，直到1988年蒋经国死后，孙立人才恢复自由。2001年1月9日，台湾"监察院"公布孙案结论，确定孙立人将军并未谋叛，其部属郭廷亮亦非"匪谍"，也未着手实际叛乱。孙立人被监禁在台中，靠种花维持生活，当地人称孙立人种的花为"将军花"。

　　通过一系列的斗争，很快蒋介石控制了国民党，控制了台湾，接下来的目标便是"终身总统"了。1954年是"总统"选举的年份，按照规定，应先召开第二届"国民大会"，再选出第二届"总统"。然而蒋介石仅控制着台、澎、金、马一隅，又如何选出新"国大代表"呢？若仅从台岛选"国代"，又怎能代表整个"中华民国"呢？蒋介石又怎能再当"中华民国"的"总统"呢？这个时候蒋介石的张良、陈平、诸葛亮们大显身手了，有了，根据"宪法"规定："国民大会代表每六年改选一次。每届国民大会代表之任期至次届国民大会开会之日为止"，"次届国大"召开不了，则本届"国代"任期就不能终结。于是，第一届"国代"就成了"终身代表"，后被戏称为"万年国代"（在台湾老"民代"甚至被骂作"老贼"）。最后，又依"法"凑够了"代表"的人数。对此，李宗仁致函蒋介石，说，这是违法的，吾兄三思，不要走上"窃国大盗"袁世凯和"猪仔总统"曹锟的不归路啊（深望深长考虑，以免蹈袁世凯、曹锟之覆辙）。蒋介石不予理睬。

时间真快，1960年选举季又到了，但是按照"宪法"，"总统"任期六年，连选连任一次。也就是说蒋介石再参选"总统"就"违宪"了，但如果不修改"法律"，总不能让别人叫自己是"违宪总统"吧，蒋介石行动了，但有正义人士不买蒋的账。于是有了这么一幕，蒋介石说："如国大要创制复决，他就不要做总统了……。"中央党部马上召集"国大"联谊会国民党员恳商，岂料激烈份子竟反对修改临时条款，要修改"宪法"。唐纵告以总裁生气，如大家不肯让步，"总统"不愿干了。讵料有人竟说："不干没有关系，一千多代表中，难道找不到一个总统吗？"结果蒋介石又说："我要带你们打回大陆去！"原来醉翁之意还在"总统"。

为了烘托"民意"，蒋介石使用了中国历史上惯用的老把戏——劝进，于是各种各样的劝进都出来了，竟然还有写血书的，大有"非蒋不可"天要崩塌之势。1959年7月31日的《中央日报》还刊登了《旅韩侨生呈血书拥护总统连任》的新闻（注：原文"拥护"二字后面，"总统"二字前面，空了一格，以示对"领袖"的"敬意"，下文皆不再注明）。

旅韩华侨学生曾于廿八日以鲜血表示他们坚决拥护蒋总统的领导。

学生代表一人，曾从血管中吸出鲜血，写成请求蒋总统再行竞选的呈文，其他学生则签名于呈文之上，表示他们支持此项行动。

……

学生代表刘建民，用他的鲜血写呈文，他当着数百观众之面写着"拥护蒋总统连任"。

他的行动赢得到会人士如雷的掌声，会中随即通过向蒋总统呼吁的电文。

氛围是有了，"法"怎么办呢？后来，大家才明白蒋介石反对修改

"宪法"，并不反对增加临时条款，就像曹聚仁所说，"在大房子旁边，加了小房子"。为了"光复大陆"，实勉为其"难"。于是，1960 年 3 月 11 日，"国民大会"通过了修改后的"动员戡乱时期临时条款"，增加了"动员戡乱时期总统副总统连选连任，不受宪法第四十七条连任一次之限制"的条款，"终身总统"大势已定。1960 年，蒋介石如意地当选了，六年后再连任，再六年再连任，直到去世都是"总统"。《蒋经国传》的作者江南说，廿世纪的台湾，倒车开到纪元前 377 年卫颓的时代了。

政敌扫清了，连任也没有问题了，那"不服气"的民众怎么办呢？1949 年 200 多万大陆军民跟随国民党到了彼岸台湾，为了保住最后一块基地，1949 年 5 月 20 日，台湾全省实施戒严（直到 1987 年解严，创下了全世界最长时间的戒严记录），之后国民党又公布了"反共保民总体战纲要""惩治叛乱条例""戡乱时期检肃匪谍条例"等法规条例。当局大肆以"匪谍"罪名逮捕处置"嫌犯"，鼓动民众互相检举并实行连保法，"匪谍就在你身边""检举匪谍人人有责""知匪不报，与匪同罪"等标语口号随处可见，岛内人人自危，一片惊恐。于是，就有了儿子检举父亲，学生检举老师的"大义凛然"。抓"匪谍"居然还有"蒋介石定律"："丈夫是奸匪，太太不一定是奸匪；但是，反过来，太太是奸匪，则丈夫就一定是奸匪。"国民党患上了"恐共症"，老歌《何日君再来》因期待"共军"再来而遭禁（注：《何日君再来》是 30 年代创作于上海的老歌，后来由邓丽君再次翻唱）；有一百货公司取名"东风"，疑与"共匪"隔海唱和而被迫改名；那些年在台湾甚至看不到"停靠在二楼的 8 路"汽车。

现在，来看看《丑陋的中国人》一书的作者柏杨先生回忆里的"匪谍案"：

货真价实的"叛徒"，反而比较轻松，因为只要决定招出什么或不招出什么就够了。只有那些欲招却无供可招的人，苦难最多，因为他必须揣摩问官所引导的方向，假设当初预定你是参加民主同盟的话，如果你忽然参加了共产党，他们就无法接受。假定你的猜测始终不能符合他们给你的暗示，苦难就更大。有人在刑求下，悲愤地叫：

"我是匪谍，我是匪谍，你们教我招什么，我就招什么！"

这种绝望的哀求，更激起审问官的愤怒，因为你冒犯了他职业的尊严，审问官会抓住政治犯的头发，教他跪在算盘上：

"我们从不教人招什么，你自己做了什么，就招是什么。"

不是每个政治犯都跪过算盘，也不是每个政治犯都摇过电话（把电话线的电流通到手指上，然后摇动把手，电流会使一个人浑身发抖，屎尿齐出），但是，最后都会照着特务们的预期，招出答案。

"戒严"时期的冤狱不止"匪谍"案，还有其他种种"可笑"的案子，曾经也坐过蒋介石黑牢的李敖，在其回忆著作中记录了一个叫傅积宽的"罪犯"：

在军法看守所见闻不少，但十九是冤狱，并且冤得令人哭笑不得。例如"傅积宽喊自己万岁案"，就是最有趣的。傅胖子傅积宽是"花园新城"、"中山楼"的建造人修泽兰的丈夫，他在一公家机关做事，十月十日的上午，被派公差到总统府前面做庆祝代表，当天烈日高照，大家站得不耐烦，同事开玩笑说："老傅，等一下子蒋总统出来，喊万岁时你敢不敢不喊'蒋总统万岁'而改喊'傅积宽万岁'？"傅积宽开玩笑说："有什么不敢，等下子喊给你看。"他说话算话，等下子真在众口一声喊时喊了自己万岁，结果被比老百姓还多的治安人员发现，抓到牢里，判了五年……

其实，傅积宽这种还算是幸运的，他被判罪，至少没戴红帽子。当时最流行的叛法是给你带红帽子，所以如此，和检举匪谍可领奖金有关。

依据现存官方档案的记录，在1950—1954年间，仅是台湾省保安司令部所逮捕的涉嫌"匪谍"人犯就高达7987人，这还不包括保密局、调查局、宪兵司令部等单位所逮捕的人犯。事实上，在白色恐怖的年代，许多案件并未留下记录。据历史学者的估计，在1949年—1958年的十年间，因"匪谍"、"叛乱"等罪名被逮捕者约五万人，其中一万人以上被定罪，约4000人被处死，而1956年全台总人口约820万。白色的恐怖年代，不知有多少无辜的人冤死黑狱，身首无处，游魂荒野。

在台东县东30多公里处的太平洋海面上，有一个约15平方公里大的小岛名叫绿岛，"绿岛"一个多么美的名字，没错，绿岛四周环水，碧海蓝天，恬静安谧。可是在蒋时代提起这个美丽的绿岛，台湾人人闻之色变。绿岛原名"火烧岛"，日据时期就是关押犯人的地方，日后的很多政治犯和重刑犯都曾监禁于此，像柏杨、陈映真、施明德、陈启礼等人。在今天的绿岛上有个人权纪念碑，上面有一段文字："在那个时代，有多少母亲，为她们因禁在这个岛上的孩子，长夜哭泣！"现在的绿岛是热门的旅游景点，街道上很多商铺都在卖"手铐"形状的挂饰……

当年人人生畏的绿岛监狱

个人崇拜——样样都有

权力的高贵，地位的尊荣，不光是靠刀光剑影、烛影斧声，更少不了千千万万人的前呼后拥、歌功颂德。个人崇拜，"总统"蒋介石也难逃此魔圈，而崇拜的方式样样都有。

那些年和稍后的几年台湾各地铺设了无处不有的中正路，上至都市下及僻乡，其实何止中正路，还有中正桥、中正亭、中正堂、中正公园、中正楼、中正市场、中正村、中正里、中正区、中正图书馆、中正小学、中正初中、中正高中、中正理工学院、中正大学，甚至还有"中正头"……除冠名"中正"外，还有介寿馆（介寿是庆祝蒋介石的寿辰）、介寿路、介寿公园、介寿号飞机……那时课本里有"蒋总统"的"神奇故事"；教室有"蒋公"的"伟人"画像；集会上有唱"领袖颂"的歌曲；"万岁！万岁！万万岁！"也是必不可少的。

年龄稍微大点的台湾人在小学二年级都学过一篇叫《蒋总统小的时

全台无处不在的"中正路"（背后为新竹市政府）

候》的课文：

蒋"总统"从小就不怕劳苦。他每天都要洒水扫地，帮着母亲到园里去种菜。母亲织布的时候，他就在旁边读书。

有一天，他到河边去玩，看见河里有许多小鱼，向水的上流游。因为水太急，几次都被冲下来，但是小鱼还是用力向上游。

蒋"总统"看了，心里想："小鱼都有这样大的勇气，我们做人，能不如小鱼吗？"

蒋"总统"小的时候，不怕劳苦，又很有勇气，所以长大了，能为国家做许多事。

蒋介石喜欢做寿，虽然1956年的七十大寿让"我的朋友胡适之"给搞砸了，但生日还照样年年过。蒋介石不是普通老百姓，过大寿自然不一般，祝寿当然也不一般。"总统"过生日，下面的人就得忙乎了，动动脑筋了，于是不同战线的人以不同的方式向"蒋公"祝寿了，有捐建"蒋公"铜像的、有放电影的，有走路的、有骑自行车的、有登山的、有办法会的、有飞机撒传单的、有向大陆飘空气球的，还有马戏团献狮子和猴子的……

1972年10月31日是蒋介石的"八秩晋六华诞"，台南的成功大学举办了祝寿活动，除了学生社团表演节目外，还在体育场司令台设寿堂，于蒋生日当天7点30分集体拜寿，全校5000余师生准时参加。校长在领导行祝寿礼后，由外文系四年级龙应台同学（注：作家龙应台）恭读祝寿词……

"中华民国六十一年十月卅一日恭逢

总统蒋公八秩晋六华诞，象拱北辰，蓬岛呈祯祥之瑞；星耀南极，普天仰灿烂之辉；一人有庆，兆民腾欢，日月同光，河山并寿；虔伸嵩祝之忱，谨献冈陵之颂：

祥钟武岭天纵哲人允文允武大智大仁

拨乱反正伐暴救民庙算默运万类陶钧

开来继往震古铄今反共先知寰宇同钦

东亚堡垒四海归心法天行健全面革新

发展经建擢用才俊丰裕农村富国利民

慎谋能断处变不惊庄敬自强日新又新

申张正义摧毁妖氛胜利在望禹甸同春

恭逢大耋天惟德亲亿仗欢呼虔颂嵩辰

国立成功大学校长倪超暨全体教职员恭祝"

1974 年蒋介石生日前夕，"总统府"却向各党、政、军机关发了蒋介石的恳辞祝寿函，"据闻各界以中正生辰将届，有筹备庆祝者，务望转达海内外同胞恳辞……尚希全国一德一心，人人贡献智慧能力，拯救大陆同胞，完成复国建国大业，则远胜于加诸个人之任何祝贺"。10 月 31日，5100 多名侨胞在台北中山纪念馆为蒋介石举行了祝寿大会，"副总统"严家淦发了言，"行政院院长"蒋介石长子蒋经国也致了辞，最后典礼在"总统万岁！总统万岁！"的呼声中落幕。同日的 8 时 30 分，5000多名侨胞站在"总统府"前的广场，由当局"侨务委员会委员长"毛松年领导，向"总统府"里的蒋"总统"高声欢呼"蒋总统万岁！"

那年头台湾甚至还有建造"蒋公"铜像运动，建造的原因有向"蒋公"祝寿的，庆贺"总统"连任的，有庆祝校庆的，也有纪念杂志周年庆的……

1952 年花莲县为建造蒋介石铜像在全县 13 个市乡镇发起 1 元献金运动。全县人口共 18 万 3 千 9 百 34 人，每人献金 1 元，计划得 18 万余元。当地为扩大宣传，呼吁民众踊跃捐献。中等学校学生，"国校"高年级学生，组成 47 队，在市府各里挨户访问宣传。县市妇女会会员也普遍

向蒋介石祝寿的介寿公园

展开家庭访问。献金目标，花莲市（注：花莲市是花莲县政府驻地）各机关团体及市民预计 10 万元以上。各乡镇将共同负担 15 万元。机关团体学校职工均得捐献 2 日所得，军职人员自由捐献。针对花莲、金门各地捐建"总统"铜像，蒋介石表示，"深感谦仰不安，盼望节省人力物力用于反共抗俄战争，此时实不宜以如此宝贵之人力物力，用于建纪念事物之上。"可是铜像还是不断地矗立起来，1968 年 8 月 14 日，台北市的中正路、敦化路口圆环处一个高 2.65 米，自地面起，高 13.1 米的蒋中正戎装铜像举行了隆重的揭幕典礼，台湾"省政府主席"黄杰、国民党中央秘书长张宝树等人参加了仪式，铜像基座还刻着"总统"革命哲学：生活的目的在增进人类全体之生活，生命的意义在创造宇宙继起之生命。

蒋介石生前不停地建"蒋公"铜像，死后还掀起过高潮，1975 年 5 月，当局制定了永久纪念"总统"蒋公七项办法：

"①每年民族扫墓节定为总统蒋公逝世纪念日，放假一天；每年十月卅一日为总统蒋公诞辰，放假一天。

②政府统筹在台北市兴建中正纪念堂一座，除政府经费外，接受民间捐献。

③由教育部制订总统蒋公纪念歌，颁行全国。

④对总统蒋公丰功伟业，由教育部编纂教材，供各级学校讲授研读。

⑤各县市恭建立总统蒋公铜像一座。已有者不再建立，模式由内政部统一订颁，供各界采用。

⑥各机关、学校、社团礼堂，正面墙壁悬挂国父遗像，对面悬挂总统蒋公遗像。

即日起编纂总统蒋公哀思录，于今年十月卅一日发行。"

8月，台"内政部"还发布了塑造"蒋公"铜像的详细规定，铜像之神貌：应充分显示蒋公慈祥、雍容之神貌，并含蕴大仁、大智、大勇、坚毅、乐观之革命精神，与至诚、博爱、愉快、生动之神情。

据估计，全台湾蒋介石铜像一度曾高达四万多座，学校、公园、广场、车站……随处可见"蒋公"身影，骑马的、招手的、军装的、中山服的、半身的、全身的、坐的、立的……铜像有政府机关建的，社会、个人捐的，还有外国赠的。建了这么多不会说话的铜像，蒋介石是给自己找"罪"……

文化——白加黑

对于蒋介石办教育，最为人所知的是黄埔军校校长，其实，蒋介石还兼职过政治大学和中央大学的校长。到台湾后，蒋介石曾告诉张其昀，他最喜欢的事就是办教育，在他住的地方，总想开办一所学校。

1951年9月，蒋介石在阳明山庄发表演讲，认为国民党在大陆最大失败在教育和文化，"反攻大陆"最重要而又最值得研究的是教育问题。

蒋说，

　　四维八德，是我们中国自古以来传统的精神和立国的基础，"四维不张，国乃灭亡"；所以我们要复兴民族，首先就要确立教育制度，改革教育风气，更要实践尊师重道的良法美意。必须恢复我们固有的道德，发扬我们传统的精神，切合于反共抗俄的需要，而能为大家共同所遵循，然后民主与科学才有所凭借，而能健全的发展，这个观念如果弄不清楚，那实在是非常可怕，一般青年更容易受人煽惑和愚弄了。

　　当局对教育的发展一直比较重视，1968年台湾正式实施九年国民义务教育，9月9日，蒋介石特颁训词，"政府在此反共救国期间，不计财政困难，乃毅然决然，将国民教育自六年制延长为九年制，并决定从五十七学年（1968年）度起，贯彻实施，这就是鉴于教育为培植现代国民，建立现代国家与社会的根本要图"。1950年台湾小学适龄儿童入学率约为80%，1955年上升到97%，1980年达99.72%；小学毕业生的升学率从1967年的62.29%，至1975年继续上升到90%以上。

　　1950学年度时，高初中合并中学共有62所，高中学生计1.88万多人。到1972学年度，高级中学增至203所（其中高初中合设97所），学生人数增至19.72万人。在高等教育方面，一些原在大陆的著名高校于台湾纷纷"复校"，像"政治大学""清华大学""交通大学""中央大学"等（目前这几所大学也在台湾保持领先地位），同时也鼓励民间创办私立学校，像东海大学、中原大学、淡江大学等。1950年前，台湾仅有"国立"大学1所（台湾大学），省立学院3所，学生仅5300余人。到1980年时，台湾共有大专院校104所，学生34.3万余人。与此同时，大批的台湾学生赴海外学习，接受美日欧的高等教育，很多人也成为日后台湾社会的各界精英。

　　1960年，台湾成立了"孔孟学会"，由蒋介石担任名誉理事长。另外，当局每年都会举办隆重的祭孔典礼，并将每年 9 月 28 日（孔子诞辰日）定为"教师节"，学校也会铸立孔子的铜像。

1966 年大陆进入了十年"文革"，同年 11 月 12 日，孙中山 100 周年诞辰，蒋介石发表了《中山楼中华文化堂落成纪念文》，随后当局发起了"中华文化复兴运动"，并成立由蒋介石担任会长的"中华文化复兴运动推行委员会"。这项运动在 70 年代初达到高潮，为保存、传播和发扬中华传统文化做了一些工作，使台湾出现了重视传统、回归传统的趋势。也就是在那个时候，林语堂、钱穆、张大千等大师从海外汇集到了台湾，蒋介石还赠送了宽敞的房子。

1945 年台湾光复后，许多的地名、路名、物名都予以更改。台湾的"路名"就很有讲究，像高雄市有一心路、二圣路、三多路、四维路、五福路、六合路、七贤路、八德路、九如路、十全路。在台北市一座山叫"阳明山"，山上有一宾馆名"阳明山第一宾馆"，有一行馆叫"阳明山官邸"，有一公园叫"阳明山公园"，有一学校叫"阳明山小学"，有一铜像是"阳明先生"，通往阳明山的路叫"仰德大道"，这里的"阳明"就是明朝心学大师王阳明老先生的"阳明"。保定陆军军官学校毕业的蒋介石是大儒王阳明的粉丝，1949 年国民党败逃台湾，"草山"一个听起来像绿林好汉出没的山头，为免他人"落草为寇"之舌，蒋介石取了"阳明山"这个很高大上的名字，于是"草山"改叫"阳明山"，山上的花花草草也跟着沾"阳明"的光了。

看了上面蒋介石的文化和教育功绩，是不是要为蒋会长点个赞呢？那么在按赞的时候，不妨看看这个蒋会长。1934 年 11 月 13 日"国有国格，报有报格，人有人格"的一代报业才子史量才被人暗杀于沪杭公路上，这次暗杀行动是由戴笠指挥的，而给戴雨农同学下命令的正是蒋校长。原因是，蒋介石要《申报》史量才停止攻击南京政府，史不允，且说："你有枪杆子，我有笔杆子！"蒋不悦。那么这不是蒋会长的第一次，当然也不是最后一次。逃到台湾后，蒋会长的文字狱又开始了，那么谁

孔子雕像与礼义廉耻（图拍摄于澎湖马公小学）

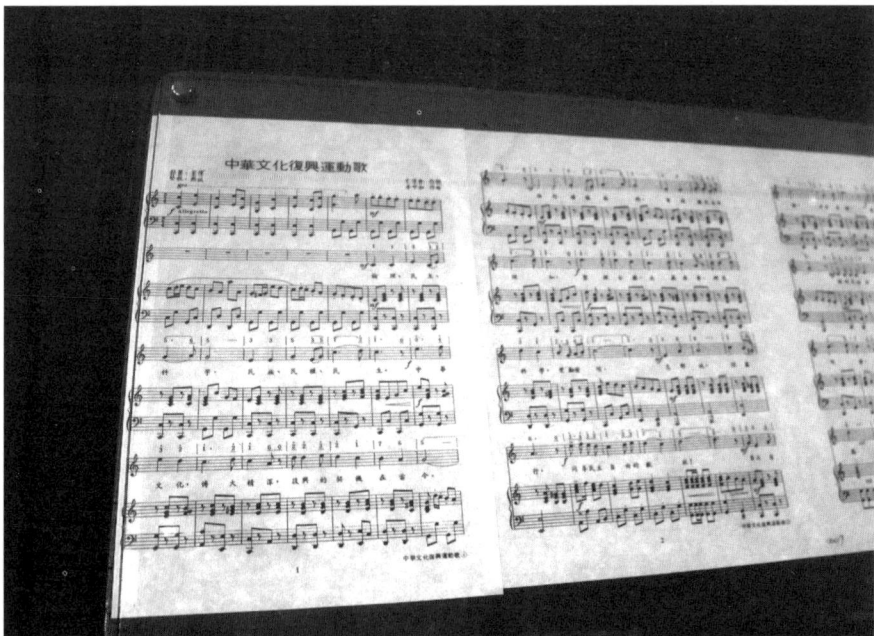

"中华文化复兴运动歌"（图拍摄于新北"国家档案局"）

会上"中华文化复兴运动推行委员会"蒋介石会长的禁书榜呢？

上榜者：鸳鸯蝴蝶张恨水（人在大陆）。

上榜者："横眉冷对千夫指，俯首甘为孺子牛"鲁迅（可以想象）。

上榜者：李宗吾，上榜原因：李教主的《厚黑学》内容乖谬，有碍善良风化，不宜流传。

上榜者：老舍、巴金、矛盾、沈从文、钱钟书、臧克家、田汉、曹禺、梁漱溟、费孝通、黎锦熙、吕思勉、马寅初、丰子恺、欧阳予倩、朱光潜、竺可桢、李四光……（实在太多，写不下了）

上榜者：大侠金庸，上榜原因：《射雕英雄传》和"只识弯弓射大雕"有"关系"（"被告"金庸申诉：汉朝的李广射过雕，唐朝的王维射过雕，宋朝的黄庭坚也射过雕啊）。

上榜者：《电工作法》《焊接工作》《矿石机装制法》（这标准太严了吧）。

上榜者：《吕洞宾三气白牡丹》（作者阿尔陀）、《杨乃武和小白菜》（作者阮剑侬），上榜原因：诲淫图书。

上榜者：《手淫遗精预防及根治法》（凭这名字，查你都是轻的）。

上榜者：屠格涅夫、高尔基、托尔斯泰、契诃夫……（谁让你们生错了地方）

上榜者：左拉（难道我必须姓"右"吗？）。

上榜者：《汤姆历险记》，作者马克·吐温，上榜原因：马克·吐温跟卡尔·马克思是一家人（经查卡尔·马克思是犹太德国人，马克·吐温是美国人，又是名字惹的祸）。

上榜者：《三民主义问答》，上榜原因：该书排列自左至右排印。正确的排印：自上而下，自右而左（太八股了吧）。

上榜者：蒋介石，咋回事？上榜原因：作者蒋介石于大革命时期写过一小册子，宣扬国民党三大政策之一的"联俄容共"。此书被查这叫大义灭"己"、"天子"犯法与庶民同罪，可书的持有者被判刑 12 年住进了绿岛，那书的作者呢？

书是人写的，人命同书命，甚至人比书更惨。1968 年 1 月 2 日，《中华日报》刊出了由柏杨翻译的漫画《大力水手》，一个小岛上有父子二人，两人都要竞选总统，他们有一段对话：

父——我是国王，我是总统，我想干啥就干啥！

子——我哩？

父——你算皇太子吧。

子——我要干就干总统。

父——你这小娃子口气可不小。

子——老头，你要写文章投稿呀？

父——我要写一篇告全国军民同胞书。

子——全国只有我们两个人，你知道吧。

父——但我还是要讲演，敝国乃民主国家，人人有选举权。

子——人人？ 只有两个啦！等我想想……嗯，我要跟你竞选。

父——我先发表竞选演说：全国军民同胞们……

子——开头不错。

父——千万不要投小娃票。

子——这算干啥。

柏杨将漫画中的英文"fellows"一词译成了"全国军民同胞们"（此乃蒋介石常用语），调查局认定《大力水手》漫画"挑拨政府与人民之间的感情，打击最高领导中心，安排在元月二日刊出，更是用心毒辣"。柏杨说，他心中没有丝毫恶意，只是信手拈来而已，但柏杨被这些可怕的罪名吓住了，一时间，头昏目眩。就这样柏杨被以"叛乱"罪判刑 12 年，身陷走不出去的小小绿岛。进了班房，除了时间是空间，空间是时间外，监狱"文化"是很重要的组成部分。

"听清楚，"刘展华（调查局人员）说，"你（柏杨）被拷打死，我们只要说你畏罪自杀，就一了百了，你高估了自己！"

突然，他抓住我的头发，拳头像暴雨一样地猛击我的脸部和前胸。我挣扎着，用双手回挡，但他的皮鞋接连踢中我暴露出来的小腹。我把前额撞到地上，我还不愿死，死也阻止不了他，特务如果在乎犯人死活，他就不是特务了，而我怕他把我踢成脑震荡，踢成残废，我哭号说：

"我招供，我招供，不要打了。"

"好吧，坐回你的位置。"

我用了足足三四分钟，才从墙角爬到桌边，浑身湿透，怎么也站不起来，抖得像大风里贴到墙上已快坠落的一片枯叶，汗珠、鲜血和眼泪流满一脸。我拼命喘气，用手去抹，才知道脸上满是泥土。

"杂志看文星，咖啡喝明星"是六十年代台湾一句流行语，《文星》杂志创刊于1957年，老板是萧孟能，萧的父亲是国民党大员、中央社社长萧同兹。在李敖加盟《文星》后，杂志改以"思想的、生活的、艺术的"为宗旨。1961年起，李敖相继在《文星》发表了《老年人与棒子》《播种者胡适》《给谈中西文化的人看病》《传统下的独白》《我们对国法党限的严正表示》等众文章激起中西文化大论战，同时他也批评政学名流张其昀、陈立夫、胡秋原、钱穆、唐君毅、徐复观等人，并不忘抨击国民党当局。1965年《文星》遭封闭，1971年李敖被捕入狱，以"叛乱"罪判刑10年。

李敖说，国民党的刑求花样很多，灌汽油、坐老虎凳、背宝剑、三上吊、摇电话……李敖是名作家，有"优待"，比其他人受刑也客气：

我被刑求的项目中，有一项拶指。他们把三支圆珠笔夹在我左手四根手指中间，再强行用我的右手紧握四根手指。并对我说："李先生，这不是我们折磨你，是你自己的右手在使你的左手痛苦，所以不能恨我们。"我笑笑，说："我不恨你们，也不恨我的右手，我只恨圆珠笔。"

所以，蒋介石时期的文化政策具有很明显的两面性，一面白，一面黑，他既提倡复兴中华传统文化，发展教育。同时，也玩秦嬴政、康熙大帝、乾隆爷的"文字狱"，在文化人头上悬一把没有剑鞘的达摩克利斯之剑。

经济——起飞了

政治上蒋介石不改保守专权的作风，但其经济政策倒是颇为开放积极。农民的土地问题是国民党在大陆惨败的原因之一，加上200多万军民涌入狭小的台湾岛，当局不得不在台湾实施土地改革，以解决食粮问题，维持社会稳定。

台湾土地改革前，56.01％的耕地为只占农村人口11.69％的地主所有；而占农村人口88.31％的农民仅占有22.24％的耕地。封建制的地租一般达到农民收获量的50％以上，有的高达70％—80％。辛苦耕作的农民一年下来所能支配的粮食剩余无几，这样农民年复一年的被束缚在无地—租地—交租的枷锁里。同时，同时也衍生出了许多的社会问题。台湾光复后，台湾省行政长官公署既有土改之意，但真正落实力推的是1949年1月接任台湾省主席的陈诚。台湾的土改分为三个阶段：

第一阶段是"三七五减租"，即耕地租额最高不得超过主要作物全年收获量的37.5％。就任台湾省主席后陈诚着手实施土改，但中国历史的历次土改往往都不是一帆风顺的，当时台湾的民意代表多为在地士绅，对于来自地主的潜在的阻力，陆军一级上将、台湾警备总司令陈诚公开谈话："三七五减租工作一定要确实施行，我相信困难是有的，刁皮捣蛋不要脸皮的人也许有，但是，我相信，不要命的人总不会有！"就这句话，解决了地主盖章的问题。据传有一位很有声望的大地主，听了陈总司令的话后，立刻刻了20个私章，请了20位助手，赶赴各处主动地找到他的佃农们，在契约上盖章。于是，台湾的土改得以顺利进行。

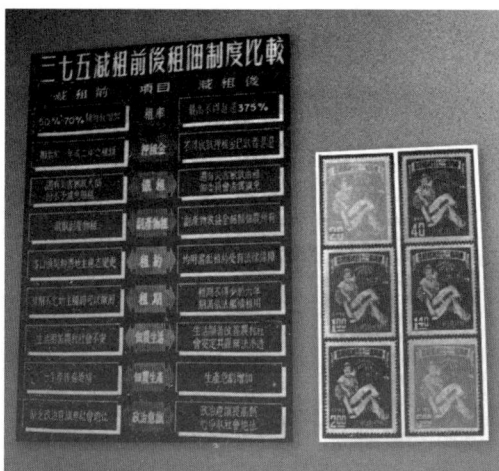

台湾土地改革的介绍和纪念品（图拍摄于南投台湾文献馆）

土改的第二阶段是公地放领。1951年土改进入第二个阶段，政府将所掌握的"公地"出售给农民，地价为耕地主要农作物全年收获量的2.5倍，以实物计算，由承领农户10年内偿付，不负担利息。

第三阶段是耕者有其田。1953年实施的耕者有其田规定：地主将持有土地超过三公顷的部分出售给政府，再按公地放领方式出售给佃农，分十年支付。对于地主地价的补偿：实物土地债券占七成，公营事业股票占三成，搭配使用。土改后，大地主获得了大量公营企业的股票，转身成了工商巨头，一些地主富农转营工商业，也促进了工商业的发展。耕者有其田的实施，标志着土地改革的基本完成。

1952年11月12日，台"行政院"通过了"实施耕者有其田条例草案"，在送交"立法院"审议时，有两名"立法委员"全面表示反对，其中一个是"行政院院长"陈诚的弟弟，他们认为此案违背"宪法"且有关"法律"未经修改之前，此条例不能成立。陈诚的答辩很简单："站在纯法律的立场，我不敢妄加一词，但法律是不能违背天理人情的。就天理人情来讲，有缠脚的妈妈，却不一定非有缠脚的女儿不可。在妈妈尚未放脚之先，就不许女儿天足，天地间有这样的情和理吗？"最终，条

土改是台湾近代史上的重要事件

例获得通过。

　　土改后，据统计在总农户数中，自耕农所占比率由 1949 年的 36％，增至 1961 年的 65％，半自耕农由 25％减至 21％，佃农则由 39％减至14％。台湾的土改是一次和平的、较为成功的变革，许多无地、少地的农民分到了土地，减轻了农民的负担，提高了农业生产的积极性和农民的生活水平，而且也拉升了台湾农业生产的增长率，同时又照顾到了地主阶层的利益，从而减缓了阶级的对立，保证了土改的顺利进行和社会的平稳。

　　国民党在大陆时也曾实施过土地改革，但是没有成功。退踞台湾后能以和平的方式获得成功，一是政治环境上的相对安静；二是初到台湾的国民党与当地地主势力没有太深的政经利益纠葛，所以国民党可以放手去做。台中雾峰大地主林献堂，拥有良田千顷，年收万石稻谷，日据时期就是著名的社会运动领袖，光复后又担任了台湾省参议员、国民参政员。然而 1949 年秋，68 岁高龄的林献堂却以养病为由远赴日本，直至客死他乡，并留下了"异国江山堪小住，故园花草有谁怜"的心境独白。对于林献堂避居日本的原因，其中有一个说法即是土地改革。

土改的成功也为台湾工业的发展奠定了基础和保障，同时蒋当局又利用美援以及朝鲜战争等外部条件来发展经济。从1953年起，台湾开始实施四年经济建设计划，期间又创设了高雄、楠梓和台中三个出口加工区，到1975年共有6期四年计划，经济增长率分别为8.1%、7.0%、9.1%、9.9、11.7%，第六期因受到世界石油危机的影响亦有6%。工业的增长率，从1953年到1962年平均增长率是11.7%，1963年到1972年为18.5%。至此，台湾经济面貌为之一变，农业所占比值不断下降，工业成为主要产业，出口扩增，人民生活水平得到提升。

1953年至1980年间的平均经济增长率，台湾是9.0%，开发国家是5.2%，工业化国家为4.0%；同期，台湾的国民生产毛额由15亿美元增加到了414亿美元；人均国民生产毛额由167美元上升到了2344美元，而1980年韩国的人均国民生产毛额是1637美元。蒋介石时期的经济发展为台湾的"亚洲四小龙"地位打下了基础，那个时候的台湾经济——起飞了。

"台独"——过街老鼠

第二次世界大战末期，日本殖民者不甘心在台湾的失败，在岛内策划了一个居心不良的"台独"组织。

台湾光复后，在美日等外国势力的操纵下，加上"二二八事件"、土改以及国民党退台的影响，"台独"活动一度活跃。"台独"份子既破坏台湾与大陆的统一性，也否认国民党在台的"合法性"，同时他们还组织了针对蒋氏政权的暗杀行动，1961年"台独之父"廖文毅派遣刺客暗杀蒋介石，行动失败。1970年"台独"成员黄文雄、郑自才枪击访问美国的"行政院副院长"蒋经国，蒋经国躲过死亡一劫。1976年台湾"省主席"谢东闵（之后曾任"副总统"）被"台独"成员王幸男的邮包炸弹炸伤左手。台湾是国民党仅有的一块地了，已无路可退的蒋介石面对"台独"分子的进攻，给予了铁腕打击。

绿岛监狱的标语

蒋介石一生反共，后期又坚定地反对"台独"，今天在绿岛监狱的墙壁上仍隐约看见当年"台独即台毒，共产即共惨"的标语。蒋介石曾说过："谁搞台独，我搞他脑袋"。在蒋任内处置了几起比较大的"台独"案件，像许丙、林熊详案，黄纪南案，史明案，施明德案，台大教授彭明敏案等以及影响最大的廖文毅案。

廖文毅是台湾云林县人，大地主出身，1928年考进南京金陵大学，之后赴美国学习，获得密西根大学工学硕士和俄亥俄州立大学化学博士学位。回国后曾任浙江大学教授、军政部兵工署上校技正等职。1945年台湾光复，廖担任了台北市公共事业管理处处长，此时政治兴趣浓厚的他在1946年的两场选举中遭受了重大打击。

1946年8月，台湾选举8名国民参政员，廖文毅出马竞选，开票的结果是：林忠22票、林宗贤18票、罗万俥16票、林献堂14票、廖文毅13票。林茂生、杜聪明、杨肇嘉、陈逸松、吴鸿森（注：国民党前主席吴伯雄的伯父）各12票。然而廖文毅得票中有一张票的"廖"字涂污，杨肇嘉有一张票的"肇"多了一横，最后这两张选票经中央裁夺无效，杨肇嘉落选，廖同其他得12票的4人以抽签定胜负，廖落选了。同年10月份，廖文毅又参加了国大代表的选举，廖的选区是台北市，台北市的名额只有一名，与他竞争的是连震东（注：国民党前主席连战的父亲），结果连得22票，廖得7票，廖文毅再次惨败。

1947年"二二八事件"后，遭国民党通缉的廖文毅出逃香港，此后全力投身"台独运动"。1955年，廖文毅在东京成立"台湾共和国临时议会"，次年成立"台湾共和国临时政府"，自任"大统领"，1960 年，又组织了"台湾独立统一战线"，任"总裁"。廖文毅还曾招募刺客郑松焘回台暗杀蒋介石，结果行迹败露逃往日本，台当局派遣特工追至日本，将郑松焘暗杀。对于廖文毅集团，蒋介石方面采取了"软硬兼施、恩威并用"的策略，最终，1965 年，廖文毅宣布解散"台独"组织，放弃"台独"立场，并回到了台湾。在一个月后的记者招待会上，廖文

廖文毅的回台沉重地打击了"台独"势力（图拍摄于台北二二八纪念馆）

毅说："从事民族分离运动将为每一个中国人带来灾难，台湾人的幸福决不应该寄托在'台独'的幻想中。"蒋介石赦免了廖文毅的"叛乱罪"，廖还被任命为"曾文水库建设委员会"的副主任委员。

廖文毅的归降沉重地打击了"台独"分裂势力的火焰，纵观蒋介石时期的"台独"运动，在岛内基本上没有形成大的气候，但"台独"活动也并没有因此销声匿迹，美国和日本仍是"台独"组织的重要盘踞地。

叶落——孤岛

刚退居台湾的蒋介石为了安定人心提出了："一年准备，二年反攻，三年扫荡，五年的成功"的计划，但随着时间的推移，"反攻大陆"已是白日做梦，遥遥无期。

晚年的蒋介石"祸"不单行，1969 年蒋介石在阳明山遭遇车祸，胸腔和心脏受到重创，身体一落千丈。1971 年 10 月，联合国大会以 76 票赞成、35 票反对、17 票弃权的压倒性多数恢复了中华人民共和国在联合国的一切合法权利，同时驱逐台湾当局"代表"。1972 年 2 月，台湾最

重要的"邦交"盟友美国总统尼克松历史性地访问中国大陆，双方还在上海发表了《联合公报》。同年 9 月，台又一重要"友邦"日本首相田中角荣访问大陆，日本与中华人民共和国建交，断绝与台湾当局的"外交关系"。而台湾的其他"邦交国"也纷纷与中华人民共和国建交，断绝与台当局的"外交关系"，蒋当局已"无外可交"。

尽管两岸在"外交"上此起彼伏，台面不相往来，宛若仇雠，但双方均认同自己是中国人，都要统一分裂的中国。特殊年代两岸有一个重要的沟通管道就是的"密使"，在众"密使"中，以曹聚仁（注：凤凰卫视主持人曹景行的父亲）最为后人所知，记者出身的他与两岸高层熟稔，1949 年后曹聚仁移居香港，担任新加坡《南洋商报》驻港特约记者，曾为两岸间多次传递信息。

1965 年，周恩来总理通过曹聚仁转交蒋介石一封信，将大陆对台湾问题的战略构想"一纲四目"传达给对方，"一纲"是指台湾必须回到祖国的怀抱，这是原则问题，不容商量。"四目"则是具体操作方案：（1）台湾回归祖国后，除外交必须统一于中央外，当地军政大权、人事安排等"悉委于"蒋介石，由蒋介石安排；（2）台湾所有军政费用和经济建设一切费用的不足部分，全部由中央政府拨付；（3）台湾的社会改革可以从缓，等到时机成熟后，尊重蒋介石的意见协商后再进行；（4）双方互约不派特务，不做破坏双方团结的事情。

之后，曹聚仁往返大陆与台湾之间，进行沟通。经过多次努力，双方在一些重要问题上基本达成了"六项协议"。一、蒋介石偕同旧部回到大陆，可定居在浙江省以外的任何一个省区，仍任国民党总裁。北京建议拨出江西庐山地区为蒋介石居住与办公的汤沐邑；二、蒋经国任台湾省长。台湾除交出外交与军事权外，其他政务完全由台湾省政府全权处理，并以 20 年为期，期满再进行洽商；三、台湾不得接受美国任何军事与经济援助，如财政上有困难，由北京照美国支援数额照拨补助；四、台湾海空军并入北京控制，陆军缩编为四个师，其中一个师在厦门、金门地区，三个师驻在台湾；五、厦门与金门合并为一个自由市，作为北京与台北间的缓冲与联络地区。该市市长由驻军师长兼任。此一师长由台北征求北京同意后任命，其资格应为陆军中将，政治上为北京所接受的人；六、台湾现任文武百官官阶、待遇照旧不变。人民生活水平只可提高不准降低。

由于不久大陆爆发了"文化大革命"，也打断了国共两党之间的联系。到了1973年，92岁高龄的章士钊乘专机飞往香港，他此行的任务是代表大陆与台湾方面接触，可惜出师未捷身先死，章士钊不幸病逝。1975年，蒋介石的病情日趋恶化，故请陈立夫经秘密渠道向中共发出邀请毛泽东访台的信息，陈立夫又在香港报纸公开发表了《假如我是毛泽东》的文章，文中欢迎毛泽东或周恩来湾访台，陈立夫特别呼吁毛泽东能"以大事小"，不计前嫌，两党第三次合作，共图重振中华雄风之大业。

4月5日，也就是中国传统的清明节，晚上8时，蒋介石病情恶化，经抢救无效于11时50分去世，时年89岁。蒋介石最后一句话是对医生说的："非常谢谢你！"在他的生前已经多时不用的黄色公文包里，装有《中国大地图》、中国人民解放军和台湾军方的军事部署、调整记录，还有他的《国民党党员证》《身份证》。

6日，"副总统"严家淦继任"总统"，严的第一道命令，就是发布"治丧令"，组成治丧委员会。同时决定：

"（一）全国军、公、教人员应缀佩丧章一个月。（二）全国各部队、机关、学校、军舰及驻外使馆等应自即日起下半旗志哀三十日。（三）各要塞、部队及军舰均应升旗时起至降旗时止，每隔半小时鸣放礼炮。（四）全国各娱乐场所，应停止娱乐一个月。"

蒋介石过世后，对于台湾各界的"哀痛"，报纸有大幅的报道。"花瓶党"青年党和民社党主席表示，推崇"蒋公"对实施民主宪政的贡献，并说蒋"总统"的离去留给他们"一付沉重无比的担子"。政府首长前往士林官邸瞻仰蒋介石遗容，"行政院院长"蒋经国率蒋家后人匍匐跪送来宾出门。嘉义县籍的"内政部长"林金生在台北孙中山纪念馆恭祭"蒋公"时泪如泉涌，说，台湾同胞子子孙孙都不会忘记蒋"总统"的大恩大德。并表示，他此时方寸已乱，有满腹的话说不出，将来他要写出来。台湾"省政府主席"谢东闵率廿县市长在"蒋公"灵前跪地哀悼。影后李丽华在"蒋公"灵前跪拜磕头，几至昏厥，影星戴绮霞、归亚蕾等痛哭失声。

9日，按照乡例，蒋经国为蒋介石穿七条裤子、七件内衣，包括长袍马褂。遗体贴身包扎丝绵、黑袜、黑皮鞋，佩戴大红"采玉勋章"、"国光勋章"和"青天白日勋章"及蒋介石喜欢的四本书——《三民主义》《圣经》《荒漠甘泉》和《唐诗》。另有毡帽、小帽各一顶，手套一副、手帕一方、手杖一支。同日，蒋介石的遗体由"荣民总医院"移至台北中山纪念馆，"总统"严家淦和全体治丧大员轮流为蒋守灵。

10日，台北中山纪念馆开放民众瞻仰蒋介石遗容，11日的报纸有这样的刊载，"30万以上的民众，昨天自晨至晚涌向纪念馆瞻仰故总统蒋公遗容"，"瞻仰故总统蒋公遗容，民众扶老携幼恭致哀思。昨天自晨至暮，灵堂内外摩肩接踵，旷代伟人辞世，万人挥泪泣血椎心"。有位74岁的老太太一度哭得全身瘫痪，北一女有女体育教师哭得晕了过去，师大附中两位同学行三跪九叩礼，有人一步一跪三叩首，有位78岁的妇人说这是她有生以来第二次痛苦，有中年男士嘶哑地喊着："我要追随总统一起去！"人潮中还有外籍人士，一美国少女佩戴黑纱，说："蒋总统是世界伟人，他的故去，是全世界的损失！"

4月16日，蒋介石灵柩运往桃园大溪，暂厝于蒋介石生前看好的慈湖，当天灵车前身用20万朵深黄色的菊花装饰，车前挂一青天白日"国徽"及鲜花十字架，严家淦和各治丧大员共2500多人执绋。灵车队由

99 辆宪兵队开道车领前，包括"国旗"车、党旗车、统帅旗车、奉行遗嘱令车、捧勋车、遗像车。车队后面是宋美龄挽蒋介石的大型黄菊十字架，家属随其后。一路上各地各界人士迎灵，从台北到慈湖 60 多公里的路上成千上万的军民沿途路祭，18 个县市长、议长以鲜花、水果摆设祭台，有人下跪，有人泣不成声，有人在潮湿的泥土上足足跪了七个钟头……有师生打出了"总统，您永远活在我们心里"的巨型白布幛。有人在灵车过后，向着大溪方向遥喊着："总统呀，您不能走哇！"

蒋介石过世后，除了政府和国民党发起的悼念活动外，也有社会上的积极响应，台湾省肉类商业同业公会联合会与台北市肉类商业公会通知全台肉商，禁屠三天，停止营业，并希望各同业精诚团结，一致奉行政府经济政策，稳定肉价。台北市理发美容商业同业公会为向"故总统"致哀，宣布停业一天，并停止为顾客使用化妆品七天。

国民党在大陆时，蒋介石就已经在南京中山陵旁为自己找好了墓址，无奈败走台湾，而后"反共复国"越来越渺远，蒋介石看中了桃园县大

"慈湖"涵有思念之意

溪镇的慈湖，这里水清山绿，景色幽丽，与老家奉化有几分相似，为纪念其母王太夫人，蒋介石取名"慈湖"。蒋介石死后没有下葬而是暂放在慈湖，希望将来能归葬大陆。现在的慈湖已开辟成了公园，供游人参观，游客可以看到蒋介石未入土的棺椁。

人去——声杂

蒋介石在位时，早就有意培养长子蒋经国接班，50 年代蒋经国就执掌了情治系统，之后又接任"国防部长"，高升"行政院副院长""行政院院长"。蒋介石去世后蒋经国旋即担任国民党主席，1978 年又顺利地当选"总统"，而继任蒋介石"总统"的严家淦属过渡人物。

在蒋经国生前蒋介石还享有"尊荣"，1988 年蒋经国病逝（蒋经国去世后也没有下葬，生前希望能安葬在浙江老家母亲墓旁），蒋介石在岛内的命运开始走上了下坡路。特别是带有"台独"意识的民进党上台后，发起了"去蒋化"运动，介寿路被易名凯达格兰大道、介寿馆改称"总统府"、中正机场改名桃园国际机场、中正广场新名字叫"自由广场"……现在，"蒋公纪念歌"没人唱了，"草山行馆（阳明山官邸）"被人付之一炬，"中正纪念堂"成了拆除的目标。2002 年 7 月 1 日起，台湾各级政府机关、公立学校及公共集会场所不再悬挂蒋介石和蒋经国的照片。2007 年 8 月，台"内政部"宣布废除蒋介石诞辰纪念日及逝世纪念日的规定。陈水扁执政时，一度还撤走了两蒋陵寝的宪兵，关闭了两蒋陵寝。

同时，蒋介石在台湾的历史遭到"追责"，"二二八凶手""杀人魔王""屠夫""暴君"等时常见诸媒体，蒋介石的"厄运"不止这些，进入 21 新世纪的台湾再次掀起"蒋公"铜像高潮，只是变了样。

1996 年，民进党"国代"候选人陈婉真在竞选期间，将一蒋介石铜像锯断并当众鞭打。

2003 年 3 月，中央大学的一尊该校前校长蒋介石的铜像遭人锯断头

遥想当年的铜像高潮，再到今日的残缺不全，历史多么的讽刺啊（图拍摄于慈湖）

部。

2005 年 12 月，宜兰县苏澳镇公所前的一个基座前方书"民族救星"，背面刻着"永怀领袖"的"蒋公"骑马铜像被人从四米高台拉下，腿断、头裂。

2007 年 3 月，高雄市政府将该市"中正文化中心"的"中正"二字除名并将号称全台最大的蒋介石铜像肢解为 8 大块、200 多小块。

2013 年 3 月，嘉义市"中正公园"里的蒋中正铜像头部被游行人士用黑布盖住，并遭泼漆。

2015 年"二二八事件"68 周年，基隆狮球岭公园的蒋介石铜像被人仿 IS 的手法断头断手断脚跟，网友将此举取名为"实践正义"行动。

近年来，全台各县市不时发生"蒋公"铜像被推倒、斩首、断肢、刻字、泼漆、吐口水、扮僵尸、撒冥纸、铁链捆绑、胶带粘嘴巴、垃圾袋套头等事件，各地包括"军营"里将拆除的"蒋公"铜像移到了慈湖，慈湖变成了"蒋公铜像"主题公园，现在蒋介石铜像已很难在大街上看到了。台湾有人要求将蒋介石的遗棺移出慈湖，有人说埋在台湾，有人希望能归葬大陆，慈湖也成了不安宁的是非之地。

20世纪前期的中国有一个很鲜明的特征，就是它处于从传统封建社会向近代资本主义文明的剧烈转变，它既带有中华传统文化的胎记又有时代的新潮，当对立的两面相交汇集在一起的时候，往往迸发出很强的矛盾性，那么蒋介石就是其中的一个代表。在今天的台湾，蒋介石早已不是"领袖"了，如果说那些年他是在天上，那么现在说在地下也不为过，这是历史多么的讽刺啊。遥想当年疯狂的祝寿潮、铜像潮、30万人的眼泪，再看今日之凄凄惨惨戚戚，历史太讽刺了。当年蒋介石天天骂"共匪"，没想到今天大陆还能较台湾更客观地看待他的一生，这又是历史多么的讽刺啊。纵观蒋介石一世，他就是个"悲剧"，他在生时是个悲剧，死后还是个悲剧，他在大陆是悲剧，在台湾还是悲剧。

第三节　邓丽君的歌声

你问我爱你有多深，
我爱你有几分？
我的情也真，
我的爱也真，
月亮代表我的心。

你问我爱你有多深，
我爱你有几分？
我的情不移，
我的爱不变，
月亮代表我的心。

轻轻的一个吻，

已经打动我的心，

深深的一段情，

教我思念到如今。

你问我爱你有多深，

我爱你有几分？

你去想一想，

你去看一看，

月亮代表我的心。

是的，你一定听过这首歌。对，就是她——邓丽君！只要有华人的地方，就有她的歌声。只要有她歌声的地方，就能给人们带来享受和沉醉。如果大海是天然的隔阂，那么她的歌声就是彩虹的浮桥。如果一个人的离去不是遗忘而是永恒的存在，那么便只有她——邓丽君！

2014年1月26日，带着歌迷的激动我们来到了位于新北市金山区的邓丽君纪念公园，这里便是邓丽君的安葬之地，公园又称筠园，筠园取自于邓丽君的原名邓丽筠。因为邓丽君生前享有巨大的国际声誉，每天都有众多的歌迷不远万里前来缅怀这位永远的歌后。现在这里已经开通了专门的旅游线路，"台湾好行"（台湾的一种旅游交通线）穿金山墓园而过，筠园的台阶下面就有一个停靠站。

到了筠园，首先看到的不是邓丽君的墓地，而是先听到了那熟悉的音乐，园区装有音响，每天都会自动播放邓丽君的经典歌曲。在甜美的歌声陪伴下，我们走进了邓丽君的香归处。筠园入口处放置着一个特大型的黑白相间的十音节大键盘，用脚踩上去会发出美妙的乐曲。园内有一尊与邓丽君真人相仿的全身的铜像，像是在唱歌一样。虽说是1月的冬天，但是这里的花儿依然开放，草木葱茏，鲜花打扮下的邓丽君看起

用脚踩上去钢琴会发出不同的乐声

来分外的开心，而她也在用笑容迎接着每一位观众。

公园里面就是邓丽君的栖息地，棺盖是用黑色大理石制作而成，棺盖后面的石碑上面雕塑着邓丽君的半身卧像，她张开双臂，注视着前方。石碑右上角嵌入了一帧邓丽君手握鲜花面带招牌微笑的照片，碑文刻着：邓丽君 1953～1995。在墓碑的右边立有一块石头，书"筠园"二字，题字人是宋楚瑜。墓碑左方是墓志铭石碑，铭文中有一段：（邓丽君）因哮喘病逝泰国清迈，得年 42 岁，大洋东西海峡两岸中国人同感惋惜，同声哀悼……万千民众亲临致祭，备极哀荣，为中国演艺界第一人，其甜美歌声高尚节操将永远存活在大家心中。

邓丽君，原名邓丽筠，1953 年 1 月 29 日出生于台湾云林县，祖籍河北省邯郸市大名县邓台村。父亲邓枢是一名军人，邓家有 5 个孩子，邓

墓碑上的邓丽君玉照

音乐就是邓丽君的生命

近观筠园

丽君是家中唯一的女儿。少女时代的邓丽君就表现出了优异的演唱天赋，1954 年，12 岁的邓丽君参加了由"中华广播电台"举办的"黄梅调歌曲大赛"，以一曲"访英台"荣膺冠军。14 岁时邓丽君便选择退学从事演唱，之后，唱出了《月亮代表我的心》《何日君再来》《小城故事》《甜蜜蜜》《我只在乎你》等经久不衰的诸多金曲，同时也迎来了她的事业巅峰。

她的歌曲打动了千千万万个素未谋面的人，唱响在了每一个有华人的角落，邓丽君获得了至今无人能撼动的成就与荣誉，然而她也留下了人生的遗憾，在台湾、香港、及马来西亚、日本、新加坡、美国等地都开过演唱会的她，却因为各种原因未能踏进大陆家乡的故土，而她的"靡靡之音"早已为大众所唱吟。

1995 年 5 月 10 日，一代天后邓丽君因哮喘病逝于泰国清迈，年仅42 岁。虽然邓丽君已经离世 20 余年，但她的歌声并没有因为的她远去而消逝，人们依旧喜欢她，不管是老人、中年人或是少男情女，无论在

时间隔断不了歌迷
对邓丽君的喜爱

台湾还是大陆。2008年，邓丽君的名曲《但愿人长久》随着"神舟七号"飞上了太空，她的歌声飘到了更远的宇宙。2009年，中国网发起了"新中国60年最有影响力文化人物网络评选"活动，邓丽君以超过85万张的选票高居榜首。2015年5月9日，也就是在邓丽君逝世20年后，海峡两岸的歌迷在台北小巨蛋为邓丽君举办了虚拟的纪念演唱会《如果能许一个愿》，就像她说的："非常想念大家……"

筠园坐落的金山地处偏僻之地，时间已是午后时分，但依然有粉丝前来追思这位至今仍然带给大家快乐的歌唱家。墓碑前方摆放着游人献上的鲜花，其中有一束鲜花的卡片上写着：歌传千古，笑魇永存——来自北京的问候！

在回去的路上，出租车司机大哥说邓丽君是他们那个时代最有名气的歌星，其实邓丽君何止只是他们那个年代了，她早已超越了世代，跨越了国度。在人生的韶华之年，邓丽君永久地离开了这个爱她的世界，永远地离开了她所爱的舞台。虽然她香消玉殒，但是她把永不变老的青春美貌和动人的歌曲留给了每一位歌迷，在城市的里弄里回荡着小城的故事，夕阳下的恋人享受着甜蜜蜜，而播放机前的你我等待着何日君再来……

第四节　便利的便利店

　　如果用星罗棋布、密密麻麻来形容台湾便利店之多一点也不为过，无论是在都会乡野还是在闹市窄巷，或是车站、校园都能看到它们的影子。岛内的便利店主要有 7–ELEVEN、全家、莱富尔、OK 等，7–ELEVEN 更是王中之王，它们不仅赢得了民众和社会的认可，而且已融化为大家生活必不可少的组成。在台湾可以一日无沃尔玛，但不可以一日无便利店，现在我们就以"7–ELEVEN"为主对象来看看台湾的便利店吧。

　　遍及全台各地的 7–ELEVEN 代表着台湾便利店的最高水平，截至 2014 年 7 月全台 7–ELEVEN 店铺总数已达 5000 店，目前台湾是全世界 7–ELEVEN 展店密度最高且唯一拥有各种门市经营形态的地区。其实，

遍布全台各地的 7–ELEVEN（绿岛店）

功能强大的 7-ELEVEN

各地的 7-ELEVEN 店基本上都是一样的，包括商品种类、价格、服务，还有那个老远就望见的大大的阿拉伯数字"7"。7-ELEVEN 的店面不大，摆设几乎都是日用的小商品：面包、零食、饮料、牙膏牙刷、化妆品、报纸杂志（台湾很少有专门的报刊亭）以及热食等等。因为店面小，所以商品不会太多，这个与大陆的 7-ELEVEN 差不多。

　　单就商品的种类和数量来讲，显然便利店无法与大型超市相提并论，但 7-ELEVEN 为何如此受民众的欢迎呢？原因就在于它既多样又便利的服务。某种程度上 7-ELEVEN 的功能已经超越了传统超市买卖商品的界限，它不仅紧跟时代潮流，而且不失时机地推出各种迎合顾客需求的服务。在便利店不但可以买火车票、飞机票、演唱会票、交电话费、代收发快递，还有取款机（可以刷银联卡）、复印机……

　　新世纪电子商务热闹异常，网民都喜欢宅在家里上网淘东西。台湾的网络卖家多设有便利店取货服务，顾客只要在网购时选择离自己最近的便利店就好了，货寄到后，店家会通知取货，也不需要给便利店另外付费。这个就比较方便了，早到的早拿，隔天再领也没问题，不用担心错过时间，再者它们都是 24 小时营业的，而且一出门就到。

　　7-ELEVEN 还有一大卖点就是饮品，店内会有各种现做的咖啡和茶，价格又算合理，台湾人喜欢喝饮料，所以饮料又是便利店一项非常大的收入来源。同时，便利店也会提供热食服务，在此食用早、午餐的人士也不在少数。店家通常也会搞活动，比如面包加咖啡、面包加饮料组合套餐后再打折扣。一般便利店内或店外都放有桌椅，供顾客慢慢享用。

　　如果说这些是 7-ELEVEN 最大的便利，那这还不算什么，还有很多的便民服务。你家的包子凉了，他家的红薯不热了，都可以拿到便利店去加热。若是外出旅行杯子没水了，也可到便利店去打瓶开水，免费的。台湾对于环境卫生的保护很注重，各县市都实施了垃圾不落地，很多路人都是将垃圾扔到便利店的。如果走在大街上突然想方便，大家可能会满大街地找公共公厕或肯德基、麦当劳，台湾的公厕不多，赶紧去便利店吧。

　　便利店服务这么多，令人尤为欣赏的还是工作人员的服务。当进店里的那一刻，自动门会发出熟悉的"滴、滴"的响声，这时服务员会说："欢迎光临"。如果是去扔垃圾，他可能会说："给我吧，我帮你丢。"付完账，要走时收银员会跟顾客道一声"谢谢"。另外，每次购物后店家都会给客户开发票，发票可以兑奖，

台中逢甲夜市 7-ELEVEN 店的留言板

不过中奖率极低。

若论产品和服务的选购与支付的手段，台湾不及大陆的便捷性与多样化，且略显时代的滞后，不过仅就岛内而言，便利店仍不失其领先地位。

7-ELEVEN 除过某些特殊的地方外都是 24 小时的，全天候开放，连乡下也是。台湾人多夜猫子，夜生活丰富，睡觉晚，便利店就为那些晚出晚归的人提供了必要的服务。说起夜晚的便利店，让我想起了在台中 7-ELEVEN 的那一夜。11 月份，我到台中旅游，那天晚上逛完逢甲夜市，已是凌晨 2 点多了，街上的行人零零散散的。由于先前没有预订好房子，无奈之下我走进了 7-ELEVEN 逢甲夜市店，我知道它们是 24 小时的，我就打算在台湾度过一个不眠之夜。

7-ELEVEN 店在夜市入口处，我进去后跟店员小聊几句，告诉他我的想法，他笑呵呵地说没关系。店里就他一人在忙东忙西的，而且不时有人进来买东西。那天晚上其实不光是我一个人来蹭地方，还有两个人，一个年轻人，另一个上年纪的。年龄大的，整个晚上都不知道是在"念经"还是在"唱经"，搞得我俩都没睡着。天亮了，跟店员告别，他说那个老头经常来，时常这样子。临走的时候，我让别人给我拍照留念，并且我也用相机拍下了店内那张贴满赞美的留言板，也留下了我的感谢之语。

在台湾不光是 7-ELEVEN 提供着多元优质的服务，其实像全家、OK 它们也都做得相当出色。民众平常购物不以大型超市为主，大型超市也很少，主要是由无处不在的便利店来充任这一角色，并且便利店的价格也不会很贵。既然可以在家门口办理，就不用跑老远的路去别的地方了。在台湾，便利店的服务已经超出了超市所能提供的业务范围，且已深深地和百姓的生活融合在了一起。有台湾朋友说，如果让全台湾的便利店停业一天，估计台湾人都要暴动了，这是笑话，不过便利店的重要性就不言而喻了。根据一项"台湾幸福特色"的调查显示：生活便利排名第一，而言论自由才位居第五，我猜想便利的便利店一定对此贡献

全家也是民众的所爱

良多。

　　闲暇时，你可能会瞬间回味起星巴克咖啡屋里散发出的淡淡醇香，听着那细细如棉的音乐陶醉其间。那么，在便利店你也可以来一杯热乎乎的咖啡和朋友谈天说地，畅谈生活百味，看着橱窗外来来往往的车子和行人，日落月出，何尝不是一种小确幸呢！

第五节　"西施"槟榔摊

　　走在路上，若是看到透明的玻璃窗、霓虹灯、高脚凳、摩登女郎，你会怎么想？如果你是在台湾看到此景可要细细明辨，因为人家可能只是卖槟榔的售货员。

　　槟榔树是一种生长于热带地区的棕榈科常绿乔木植物，性喜高温、潮湿、多雨、终年无霜、温度在25—30℃间的湿热环境，槟榔树在我国台湾、海南、广西一代也有广泛种植。台湾人有嚼槟榔的爱好，不管是北部的、南部的还是东部人。咀嚼槟榔时牙齿和嘴唇会变成红色，跟吃槟榔的人谈话有种恐怖的感觉，因为那满嘴的鲜红一上一下，还外流，着实不雅。长期咀嚼槟榔牙齿会变黑，而且还有致癌的风险，但台湾人还是愿意嚼。台湾只有2300万人口，而咀嚼槟榔的人数就有近300万，每年在槟榔上的消费超过了千亿新台币，凭借着庞大的消费市场和高额的利润，槟榔生意自然火热，致使槟榔成为一项重要的经济作物，尽管槟榔树的过度种植会对水土保持产生危害。

槟榔盛行的原因之一是因为咀嚼槟榔果可以起到醒脑提神的功效，所以槟榔就成了司机师傅们的最爱，外加槟榔就像香烟、美酒一样也是社会交际用品，但真正使槟榔业"扬名内外"的则是"槟榔西施"。看到着装大胆，年轻靓丽的辣妹销售员，疲劳的司机师傅们自然而然会停下车出来透透气。不过"槟榔西施"的顾客群也早已超出了司机师傅，蓝领、白领、青年、老人统统被收纳。

高高的槟榔树

为什么一个简单的槟榔贩卖，竟要如此打扮呢？这是有原因的。一般来说，普通摊贩的槟榔价格 25 颗卖 50 元新台币左右（1 元人民币约等于 5 元新台币，以下单位皆同），而"槟榔西施"15 颗就可以卖到 50 元。这样"槟榔西施"一个月轻轻松松就可以拿 3 万到 5 万元，而一个刚毕业的大学生每月 22K(2.2 万元) 的薪水也不惊奇，另外"西施"销售的行情浮动很大，因此收入也会随着水涨而船高。所以，扮"西施"卖槟榔就成了很多低学历、无经验、家庭困难女子的职业选择。

由于槟榔摊的竞争日益激烈，槟榔店老板们不但会招聘漂亮的女生当店员，而且时不时在"西施"的着装上出点子，护士服、兔女装、水手服……各种各样的制服都出现了。要命的是有司机师傅只顾看卖弄骚姿的"西施"，酿成交通事故也就损失惨重了。

鉴于"西施"们"有伤风化"，前几年台北市、桃园县（现在的桃园市）等地对"槟榔西施"的着装打扮进行严格的限制。如桃园县政府 2002 年制定了"不露胸、不露肚、不露臀"的"三不"政策。2010 年桃园县府的"三不政策"上升为"五不"原则，增加了不能有不雅文字图片和不涉毒，并强调一旦违反立即取缔，部分"西施"只能转换地方，槟榔业也受到了一定的冲击。"槟榔西施"虽打扮亮丽，但属于社会底层群体，其实，很多人也有着不为人知的悲酸际遇。

然而，政府的严打并没有改变槟榔业销售的花哨现象，因为它不但有着庞大的利益链条，更重要的是"槟榔西施"已经根植成了台湾的一种特有文化。这种火辣辣的销售方式已经升华为了一种流行风潮，其他行业也追风模仿，就像时下台湾选举中的辣妹助选团，而民众也习以为常了。今天，台湾在宣传上，也不时会打出"槟榔西施文化"，这种看似底层低俗又很流行的文化，2002 年通过 BBC、NHK 及 CNN 等国际知名媒体的报道，"槟榔西施"也冲出了台湾，走上了国际舞台。

其实，在台湾卖槟榔的也不全是婀娜多姿，穿着清凉的"西施"，也有大妈、大婶、大哥、大叔，不过他们的穿衣打扮就中规中矩多了，虽然普通摊贩的店员外形略低一筹，但他们会以质量求胜，毕竟槟榔是大众消费。

第六节　小台北大中国

　　台北市是台湾的政治、经济、文化中心，城市面积不大只有271平方公里，人口不多仅270万。亚热带气候的台北冬天无冰寒，夏季长炎热，区内有山有水，绿草茵茵。台北建城时间不长，但却掩不住她浓郁的历史文化感。到了台北不妨租一辆YouBike，走街入巷，慢慢地静听、品味这座南方城邑的心跳！

　　台北市的路名很好记，只要你懂中国地理和历史。1945年光复后，国民政府对台北市的路名进行了大换血。现在的路名很有规则，一类是以中国历史人物命名，除了台湾最常见的中山路（孙中山）、中正路（蒋介石），还有像天祥路（文天祥）、延平路（郑成功）、永福街（清朝将领刘永福）、林森路（前国民政府主席）、雨农路（戴笠）等。

　　另一类是传统文化路，忠孝路、仁爱路、信义路、和平路是由北至南的主干道，其他又如仰德大道、中庸路、四维路、五常街、八德路、格致路、尊贤街、明德路、至善路、至诚路等等。

　　第三类是地名路，地名路是以中国各地方来命名的，遍及东西南北中每个省份，并且许多带有时代的印记，有的还可以见到大陆1949年前的地方名字。如辽宁街、库伦街（库伦，今外蒙古首都乌兰巴托）、北平街（北平，今北京）、迪化街（迪化，今乌鲁木齐）、西藏路、长安路、重庆路、南京路、广州路、金门街等，以及代表全中国的中华路。台北的街道位置和整个中国地理位置相吻合，只要熟悉中国地理是不会迷路的，台北俨然是一张铺开的大大的中国地图。

　　台北是一个大熔炉，这么小的地方居然容纳了全中国的身影。如果

颇具历史的延平路、抚台街

通往阳明山的仰德大道（阳明山是为纪念明朝大学者王阳明）

有心留意，在台北你会找到很多大陆省份的同乡会，广东同乡会、陕西同乡会、山东同乡会、湖北同乡会、江西同乡会……除过各省份的同乡会，还有像林森县（今福建闽侯县）同乡会、湘乡县同乡会、温州同乡会等县市级同乡会。一个个同乡会将大陆各地和各地的人集聚到了台湾，台湾的同乡会更多的是赋予了对大陆故乡和亲人的思念。同时同乡会又将大江南北、长城内外的饮食和习俗移接到了台湾，在这里可以品尝到大陆各地的美食，四川的火锅、山西的刀削面、沙县的小吃、山东的大馒头……

台北虽然是一座现代化都市，却不乏中国传统风格的建筑，清代的景福门、承恩门，古色古香、气魄伟丽的圆山大饭店，宫殿式的台北中山纪念馆……如果把建筑比作一座城市的嫁衣，那么神与人则无疑是城市的灵魂和生命线。台湾是一个宗教王国，寺庙不一定远在云雾飘渺的大山，台北（也是台湾）可能是三步一庙，四步一寺，五步一观，随处可见上香跪拜的善男信女，这里与闽南信仰习俗别无二样。中国近代史上一个个殿堂级的文化名士在台北留下了他们晚年的足迹，如果你对国学大师崇仰不止，那不妨走进胡适、钱穆、林语堂、张大千等名人的故居。这一切的一切都让年轻的台北市显得那样雅丽，如此广阔，这么历史。

漫步台北街头，你不会有陌生的胆怯，反而是熟悉的亲近，置身其中，当我看到遍地神坛，会想起鹭岛厦门；当我参观孔庙，仿佛走进孔乡曲阜；当我端详毛公鼎，眼中浮现古城西安；当我看见"臺灣"，犹若隔空穿越，回

国学大师林语堂先生（图拍摄于台北林语堂故居）

其实，"辽宁"冬天不冷

库伦的背后是一段曲折的历史

湘乡县同乡会（湘乡乃曾国藩之故乡）

人走哪里，胃到哪里

2014 年 9 月 27 日，台北孔庙举办的"大成至圣先师孔子诞辰 2564 周年释奠典礼习仪"

到古时，这里就是一座千身叠加的大中国城。走在这样的一个城市，谁不会停步驻留。这里写的是汉字，而且还是繁体字；说的是中国话，而且还是标准的普通话……真的，台北虽小却无处不中国！

参考文献

一、报刊

《中央日报》

《联合报》

《中国时报》

《民报》

《传记文学》

《中外杂志》

《自由中国》

《国史馆馆刊》

《国史馆学术集刊》

《鹅湖月刊》

《国文天地》

《师友月刊》

《群言》

《视野》

二、书籍

台湾省参议会秘书处编:《台湾省参议会第一届第十次大会特辑》,台北:台湾省参议会,1950 年 12 月。

中国国民党中央委员会党史委员会编:《先总统蒋公思想言论总集》,台北:中国国民党中央委员会党史委员,1984 年。

国务院台湾事务办公室研究局编:《台湾问题文献资料汇编》,北京:人民出版社,1994 年。

薛化元,杨秀菁,林果显编:《战后台湾民主运动史料汇编》,十,《言论自由(二)》,台北:"国史馆",2004 年。

戚嘉林著:《台湾史》,海口:海南出版社,2011 年。

何兆武口述,文靖撰写:《上学记》,北京:生活·读书·新知三联书店,2008 年。

郭拔山编:《郭国基言论集》,高雄:大舞台书苑出版社,1979 年。

欧阳哲生编:《胡适文集》,北京:北京大学出版社,2013 年。

胡适著:《我的歧路》,沈阳:万卷出版公司,2014 年。

雷震著:《雷震全集》,台北:桂冠图书股份有限公司,1989 年。

胡颂平编著:《胡适之先生年谱长编初稿》,台北:联经出版事业公司,1984 年。

胡颂平编著:《胡适之先生晚年谈话录》,北京:中信出版社,2014 年。

冯爱群编:《胡适之先生纪念集》,台北:台湾学生书局,1973 年。

耿云志,宋广波编:《纪念胡适先生诞辰 120 周年国际学术研讨会专辑》,北京:社会科学文献出版社,2012 年。

唐德刚著:《胡适杂忆》,桂林:广西师范大学出版社,2005 年。

林语堂著:《林语堂自传》,西安:陕西师范大学出版社,2005年。

江南著:《蒋经国传》,台北:前卫出版社,2007年。

茅家琦等著:《百年沧桑:中国国民党史》,厦门:鹭江出版社,2009年。

潘光哲著:《天方夜谭中研院:现代学术社群史话》,台北:秀威信息科技股份有限公司,2008年。

杨儒宾,陈华编:《梅贻琦文集》,新竹:清华大学,2006年。

梅贻琦著:《梅贻琦自述》,合肥:安徽文艺出版社,2013年。

朱传誉编:《梅贻琦传记资料》,台北:天一出版社,1985年。

黄延复编:《梅贻琦先生纪念集》,长春:吉林文史出版社,1995年。

新竹清华大学教务处策划整理:《梅贻琦校长逝世五十周年纪念会论文集》,新竹:清华大学出版社,2013年。

黄延复,钟秀斌著:《一个时代的斯文:清华校长梅贻琦》,北京:九州出版社,2011年。

欧阳哲生编:《傅斯年全集》,长沙:湖南教育出版社,2003年。

胡适等著:《怀念傅斯年》,台北:秀威资讯科技股份有限公司,2014年。

谢东闵口述:《归返:我家和我的故事》,台北:联经出版事业公司,1988年。

马亮宽,李泉著:《傅斯年传》,北京:红旗出版社,2009年。

罗家伦先生文存编辑委员会编:《罗家伦先生文存》,台北:"国史馆"、中国国民党中央委员会党史委员会,1989年。

罗家伦著:《文化教育与青年》,上海:商务印书馆,1947年。

罗家伦著:《新人生观》,上海:商务印书馆,1946年。

中国文字学会编:《文字论丛.第一辑》,台北:文史哲出版社,2001年。

罗久芳著:《罗家伦与张维桢:我的父亲母亲》,天津:百花文艺出版社，2006 年。

　　冯沪祥著：《罗家伦论人生》，北京：北京大学出版社，2010 年。

　　钱穆著：《八十忆双亲师友杂忆》，北京：生活·读书·新知三联书店，
2005 年。

　　李敖著：《李敖回忆录》，北京：中国友谊出版公司，2004 年。

　　余英时著：《犹记风吹水上鳞：钱穆与现代中国学术》，台北：三民
书局，1991 年。

　　严耕望著：《治史三书》，沈阳：辽宁教育出版社，1998 年。

　　正中书局编：《回顾林语堂：林语堂先生百年纪念文集》，台北：正
中书局，1994 年。

　　龙应台著：《大江大海 1949》，台北：天下杂志股份有限公司，2009
年。

　　王培五口述，高惠宇，刘台平整理：《十字架上的校长——张敏之夫
人回忆录》，台北：文经出版社有限公司，1999 年。

　　郭冠麟主编：《从竹篱笆到高楼大厦的故事：国军眷村发展史》，台
北："国防部"史政编译室，2005 年。

　　刘水平编：《于右任诗集》，北京：团结出版社，1996 年。

　　刘登翰，陈圣生选编：《余光中诗选》，福州：海峡文艺出版社，
1988 年。

　　晨枫主编：《百年中国歌词博览》，合肥：安徽文艺出版社，2011 年。

　　姜思章著：《怒吼——一个老兵的历史证言》，台北：贤志出版社，
1996 年。

　　徐浩然，章修维，罗林禄著：《章亚若传》，北京：团结出版社，
1996 年。

　　校史编纂小组：《南方岁时记：成大八十年编年记事图录》，台南：
成功大学，2011 年。

　　万丽鹃编注，潘光哲校阅：《胡适雷震来往书信选集》，南京：南京

大学出版社，2014年。

中国文化大学华冈学会编:《张其昀博士的生活和思想》，台北：中国文化大学出版部，1982年。

余克礼，贾耀斌编:《国共两党关系90年图鉴》，北京：九州出版社，2011年。

陈孔立编:《台湾历史纲要》，北京：九州出版社，2008年。

陈红民等著:《蒋介石的后半生》，杭州：浙江大学出版社，2010年。

李松林著:《蒋介石的晚年岁月》，北京：团结出版社，2014年。

刘红著:《蒋家结局》，北京：时事出版社，2000年。

程思远著:《李宗仁先生晚年》，北京：华艺出版社，1996年。

白先勇著:《白崇禧将军身影集》，桂林：广西师范大学出版社，2012年。

王丰著:《宋美龄台湾生活私密录》，北京：作家出版社，2013年。

彭华，赵敬立著:《挥戈鲁阳：金庸传》，南京：江苏文艺出版社，2001年。

聂华苓著:《三生影像》，北京：生活·读书·新知三联书店，2012年。

李筱峰著:《台湾战后初期的民意代表》，台北：自立晚报，1987年。

秦孝仪编:《中华民国经济发展史》，台北：近代中国出版社，1983年。

李非著:《战后台湾经济发展史》，厦门：鹭江出版社，1992年。

江丙坤著，徐秀珍，林美姿编:《台湾经济发展的省思与愿景》，台北：联经出版事业股份有限公司，2004年。

柏杨口述，周碧瑟执笔:《柏杨回忆录——看过地狱回来的人》，沈阳：春风文艺出版社，2002年。

李敖著:《李敖快意思仇录》，北京：中国友谊出版公司，1999年。

陈诚著:《陈诚回忆录——建设台湾》，北京：东方出版社，2011年。

陈立夫，陈秀惠著：《复兴中国文化：陈立夫访谈录》，北京：新华出版社，2007 年。

蒋经国著：《蒋经国自述》，北京：台海出版社，2014 年。

"国立编译馆"主编：《国民小学国语课本》，台北："国立编译馆"，第十二册，1985 年。

"国立编译馆"主编：《国民小学国语课本》，台北："国立编译馆"，第五册，1984 年。

.